COURS ÉLÉMENTAIRE

DE

PRÉDICATION

À L'USAGE

DES SÉMINAIRES

par un ancien Curé, ancien Directeur de Séminaire

Sollicitè cura teipsum probabilem exhibere Deo, operarium inconfusibilem, rectè tractantem verbum veritatis.

II. TIMOTH. II. 15.

PARIS
L. VIVÈS, LIBRAIRE-ÉDITEUR
rue Cassette, 23

1856

COURS ÉLÉMENTAIRE

DE

PRÉDICATION.

ANGERS. — IMP. DE COSNIER ET LACHÈSE.

COURS ÉLÉMENTAIRE

DE

PRÉDICATION

A L'USAGE

DES SÉMINAIRES

par un ancien Curé, ancien Directeur de Séminaire

Sollicitè cura teipsum probabilem exhibere Deo, operarium inconfusibilem, rectè tractantem verbum veritatis.

II. TIMOTH. II. 15.

PARIS
L. VIVÈS, LIBRAIRE-ÉDITEUR
rue Cassette, 23

1856

A

MARIE, VIERGE IMMACULÉE,

CONÇUE SANS PÉCHÉ,

ET

REINE DU CLERGÉ.

Hommage de l'Auteur

Sollicitè cura teipsum probabilem exhibere Deo — operarium inconfusibilem — rectè tractantem verbum veritatis.

2 TIM. c. 11. 15.

Nous sommes dans un siècle où tout homme est tenu d'apporter, s'il en a la force, une pierre pour l'édifice auguste qui se prépare et dont les plans sont visiblement arrêtés, disait le comte de Maistre. Nous aussi nous voulons apporter notre tribut d'efforts à l'œuvre commune et grande de la régénération de la société : ce tribut, c'est un petit Cours élémentaire de prédication. Ayant d'abord enseigné la prédication dans un grand séminaire, l'ayant ensuite pratiquée dans le saint ministère, nous avons dans nos moments de loisir recueilli les réflexions soulevées en nous par cet important sujet. Une chose nous a toujours frappé : aucun des livres existants ne traite d'une manière pratique et suivie cet important sujet dans sa forme la plus générale, la plus populaire, c'est-à-dire sous la forme du ministère pastoral. Nous avons travaillé à combler cette lacune : toutes nos études, toutes nos observations se sont portées vers ce but. C'est le fruit de ces réflexions que nous offrons maintenant aux élèves des grands séminaires.

Aujourd'hui, grâce à Dieu, dans presque tous les séminaires il y a des cours de prédication; c'est de nos séminaires que sortent les chefs des paroisses, c'est pour les élèves de ces maisons que nous devions écrire et que nous avons écrit. Dans cette idée, nous nous sommes attaché, pour la forme, à être aussi court que possible, ne disant que le strict nécessaire, ne citant ni les auteurs ni les modèles qui à chaque pas se présentaient à nous en si grand nombre. Nous n'avons fait que réunir dans le moins de pages possible toutes les règles de la prédication : toutes les règles, il le fallait sous peine de n'être pas complet; dans le moins de pages possible, il le fallait aussi sous peine de dépasser trop les quelques semaines que les séminaires consacrent à les étudier. Pour ce qui est du fond, nous avons voulu traiter surtout du ministère pastoral, mais tout en mettant en relief cette face principale de l'éloquence sacrée, nous ne pouvions pas négliger les autres côtés qui ont aussi bien leur importance. C'est pourquoi nous avons partagé notre travail en plusieurs parties : nous rappelons d'abord les principaux préceptes de la rhétorique. Ils régissent toute sorte de discours. Ensuite nous traitons de l'éloquence sacrée en général et de ses formes solennelles; puis du ministère pastoral dans son ensemble et envisagé par rapport à la prédication. C'est là, nous l'avouons, la partie principale de ce livre, celle que l'on n'avait pas jusqu'à présent, nous le croyons du moins, assez complétement traitée. Nous terminons par la pratique, c'est-à-dire que nous disons un mot de l'histoire de la prédication, et que nous donnons des canevas de prônes et d'avis sur divers sujets.

Nous croyons que ce petit Cours, mis entre les mains des élèves à qui on le ferait suivre et rédiger, avec les explications de MM. les professeurs, pourrait être utile et donner l'idée et le genre nécessaire pour faire le bien dans le saint ministère.

Nous l'avons mis et nous le mettons aux pieds de la reine du clergé, de l'immaculée Vierge Marie; nous le soumettons pour toutes les questions théologiques et sacrées et pour tout ce qui serait défectueux au jugement et à la correction des supérieurs et surtout de notre mère la sainte Eglise romaine, c'est-à-dire du Saint-Siége en l'obéissance duquel nous voulons vivre et mourir.

XXII Juin M. DCCC. LV.

Fête de S. Paulin. Conf. Pontife.

Nous divisons ce Cours de prédication en quatre parties :

1. De la rhétorique. Nous rappelons en peu de mots les préceptes épars dans les maîtres, insistant sur les points indispensables aux élèves du sanctuaire ;

2. De l'éloquence sacrée en général ;

3. Du ministère pastoral par rapport à la prédication ;

4. Nous terminons par quelques exemples, c'est-à-dire par la pratique.

PREMIÈRE PARTIE.

RHÉTORIQUE.

La rhétorique est le recueil des règles qui apprennent à bien dire ; c'est l'art de bien dire.

L'éloquence est la puissance d'agir sur l'homme par la parole.

La rhétorique guide, régularise, développe l'éloquence. Mais elle n'est pas l'éloquence.

Dans un cours de prédication, il est nécessaire de placer quelques notions de rhétorique. Par le côté extérieur et humain, la parole sacrée tombe sous les règles de la rhétorique. Pour orner le sanctuaire, il faut

*

piller l'Egypte : il faut prendre aux auteurs profanes leurs secrets pour le succès du discours et employer ces secrets à rehausser et assurer le triomphe du ministère évangélique.

La rhétorique se divise naturellement en trois parties : — invention, — disposition, — élocution. Vous voulez parler, il est nécessaire que vous trouviez ce que vous devez dire, que vous le disposiez comme il faut et que vous sachiez le rendre extérieurement. *Quid dicat et quo quidque loco et quo modo* (Cic.).

I. — INVENTION.

L'invention consiste à trouver dans le sujet donné les moyens d'arriver au but que l'on se propose. Or, le but que l'on se propose en parlant c'est de faire passer dans ceux qui écoutent ce que l'on éprouve soi-même. A cela, il y a trois moyens : instruire, plaire, toucher. Ces trois moyens ne sont pas tous toujours également nécessaires. Leur nécessité peut varier. *Docere necessitatis est,* dit Cicéron, *delectari suavitatis, flectere victoriæ.*

§ 1. — *Instruire.*

Instruire c'est communiquer la vérité. On instruit par les preuves ou arguments. Les preuves ou arguments sont les raisons au moyen desquelles l'orateur établit ce qu'il avance. Ces preuves peuvent être intrinsèques ou extrinsèques.

Les principales, les plus nécessaires, sont les intrinsèques, c'est-à-dire celles qui sont tirées du sujet, *ex visceribus rei*. Il est d'une rigoureuse et indispensable nécessité pour quiconque veut parler de méditer à fond son sujet, de l'examiner en tous sens et de le posséder parfaitement. On ne saurait trop recommander cette méditation. C'est elle qui fournit les preuves intrinsèques qui sont toujours les plus fortes, étant les plus actuelles.

Il y a aussi les lieux communs, oratoires ou topiques, ou répertoires de preuves pour tout sujet possible. N'en disons qu'un mot. On les divise aussi en intrinsèques et extrinsèques. Les intrinsèques sont au nombre de neuf, *définir oratoirement l'objet* : — Celui-là est vraiment orateur qui..... qui..... (et on réunit ainsi tout ce qu'on doit en dire pour le définir) : — *Énumérer les parties.* — tous ont voulu... les jeunes gens, les enfants, les vieillards. — *Parler du genre et de l'espèce :* — vous détestez le vice et vous aimez le mensonge ! — *Comparer à pari, à majori, à minori* (l'exemple est facile). — *Rapprocher les contraires.* — *Réunir les choses qui répugnent entr'elles* pour prouver l'impossibilité d'un fait. — *Tirer des arguments* de ce qui a précédé ou suivi. — *Examiner les circonstances ;* quid quis ubi quibus auxiliis in quo modo quando. — *Donner la cause et l'effet.* Nous ne donnons pas les exemples ; ils sont faciles à trouver. — Les extrinsèques sont : *la loi, les titres écrits, les témoins, le serment, la renommée.* Tous ces lieux soit intrinsèques soit extrinsèques comparés aux preuves *ex visceribus rei* sont appelés tous extrinsèques.

On voit facilement que toutes les preuves se réduisent à ces deux catégories. Mais encore une fois on doit recommander les intrinsèques.

Les preuves étant trouvées, il faut savoir s'en servir, c'est l'argumentation ou bon emploi des preuves. Elle repose sur la *déduction* ou méthode syllogistique qui descend du général au particulier ; sur l'*induction* qui remonte du particulier au général ; sur l'*autorité* du témoignage qui souvent fait preuve. Mais ces trois principes varient dans leurs formes, on peut les présenter de différentes manières. On peut les présenter philosophiquement (1). Cette manière rigoureuse et démonstrative ne doit pas être admise dans le discours. Tout en la conservant au fond, il faut lui donner un aspect plus gracieux, il faut présenter les arguments oratoirement.

§ 2. — *Plaire.*

On plaît par les mœurs oratoires, c'est-à-dire par ces qualités qui concilient les esprits à celui qui parle, qui le rendent aimable et lui font éviter tout ce qui pourrait déplaire

(1) Syllogisme, enthymème, dilemne, épichérème, sorite, exemple, induction, argument personnel.

ou blesser. Mœurs oratoires, bienséance oratoire, précautions oratoires, tels sont les moyens de plaire.

La morale est la connaissance des règles de conduite. Leur application constitue la vertu. L'orateur doit être *vir bonus dicendi peritus*. Il lui faut la *probité*, la *modestie*, la *bienveillance*, la *prudence*.

La bienséance est l'art de placer à propos ce que l'on dit ou ce que l'on fait. On appelle bienséance oratoire l'accord des idées, du sentiment, du langage, de l'action, du silence de l'orateur avec le sujet, les circonstances et l'auditoire.

On entend par précautions oratoires les ménagements à employer pour ne pas blesser; les tons adroits pour dire sans fâcher des vérités qui, sans cette attention, seraient choquantes.

§ 3. — *Toucher.*

On touche par les passions; on appelle passions en général tout mouvement vif de l'âme attirée ou repoussée. Les passions oratoires sont les mouvements de l'âme produits par le discours. Toucher oratoirement, c'est remuer les passions qui sont dans le cœur de l'âme et les diriger au moyen de la parole vers le bien.

La seule règle pour toucher est d'être touché soi-même. L'emploi des passions oratoires demande un extrême discernement. Il ne convient qu'à certains sujets, qu'à certains moments, et ne doit jamais être trop continu. Il est généralement bien placé à la fin du discours (1).

II. — DISPOSITION.

Après l'invention qui a trouvé les moyens d'arriver au but, se place la disposition qui met ces moyens dans un ordre convenable, dans l'ordre le plus favorable à leur succès.

Naturellement la disposition se subdivise

(1) Nous nous proposons de revenir sur ces règles, tirées des auteurs païens (Aristote, Quintilien, Cicéron, etc.) et de les appliquer à la prédication. Pour le moment, nous ne faisons que les établir dans leur vérité absolue, indépendamment de leur application à tel ou tel genre.

en sept parties. Le discours doit d'abord sonder l'auditoire, le prévenir, l'attirer (exorde), — exposer clairement le sujet (proposition), — diviser les principales parties qu'il renferme (division), — exposer les diverses circonstances nécessaires à son intelligence (exposition oratoire), — l'appuyer de preuves (confirmation), — réfuter les objections, aplanir les difficultés (réfutation), — conclure par une récapitulation animée, par un triomphe complet, au moyen des passions oratoires (péroraison).

Les auteurs traitent *in extenso* chacune de ces sept parties. Ils reconnaissent d'abord que toutes ne sont pas toujours nécessaires. Ils passent ensuite au détail, ils parlent de l'*exorde simple* qui expose brièvement, nettement, ce qu'on vient de dire; *pompeux* qui sied aux grandes circonstances; *insinuant*, qui s'adresse à des auditeurs prévenus; *ex abrupto*, qui entre en matière brusquement et avec véhémence. Ils traitent de la *proposition* simple ou complexe; quant à la *division*, ils ne sont pas d'accord par rapport à son emploi trop saillant et trop méthodique.

Tous ils l'admettent au fond. Pour ce qui regarde la narration *oratoire*, ils la distinguent de la narration historique, et lui assignent pour qualités la clarté, la brièveté, la vraisemblance et l'intérêt. Passant aux preuves, ils sont difficiles pour le choix et condamnent celles qui sont fausses, légères ou louches, ou mêlées de vrai et de faux. Pour l'ordre, ils ne sont pas d'accord : les uns veulent une progression croissante des plus faibles aux plus fortes ; les autres veulent qu'on débute par une forte, qu'on mette au centre les médiocres et qu'on termine par les plus concluantes. Plusieurs veulent que l'on consulte le sujet du discours. Ils disent aussi de placer la réfutation selon le sujet ou avant ou après la confirmation, ou même de les faire marcher de front. Ils recommandent surtout de prendre garde aux sophismes, au cercle vicieux, à la pétition de pensées et à l'ambiguité des mots, au dénombrement imparfait, etc. Ils insistent sur la péroraison à cause de son importance ; ils veulent qu'elle résume le discours et émeuve par les passions oratoires, agissant avec toutes les ressources de l'art et du talent.

III. — ÉLOCUTION.

Sous le nom générique d'élocution, nous comprenons la manifestation extérieure du discours, soit par le style, soit par l'action.

Le style ou l'élocution donne au discours le coloris, la grâce et la forme. Le style est l'expression convenable des pensées et des sentiments; c'est l'ordre et le mouvement que l'on met dans ses pensées, c'est l'homme même.

Il est d'une importance extrême de former au style les jeunes élèves des séminaires. Toute la force, toute la beauté du style est dans cette parole : *le style est l'ordre, la suite, le mouvement que l'on met dans ses pensées.*

Donnez à l'élève une pensée générale. Qu'il apprenne à la développer, que dans ce développement sa seconde pensée se rattache à la première par des liens nécessaires, et ainsi de suite; son style sera ferme, juste et plein. D'ordinaire il ne manque pas de pensées; ce qui lui manque, c'est de savoir les coordonner dans une suite harmonique, c'est à cela qu'on doit l'exercer par des répétitions fréquentes en lui faisant étudier à fond, et phrase à phrase, les plus beaux passages de nos immortels auteurs et en lui faisant reconstruire, sans le secours du livre, les mêmes pages ainsi analysées.

Les qualités qui doivent se retrouver dans tout style sont :

La clarté, qui fait saisir sur-le-champ et sans effort ce que l'on veut dire. Que les jeunes élèves apprennent à éviter la confusion des idées, l'affectation du langage, les phrases contournées, les inventions forcées; qu'ils prennent pour modèles les auteurs principaux du XVIIe siècle, le grand siècle littéraire qui fixa la langue française et lui donna pour première qualité la clarté. Notre langue est une langue essentiellement claire.

La pureté, qui consiste à n'employer que les mots, tournures et locutions autorisés par la grammaire ou un légitime usage. La lecture des modèles est le principal moyen de l'acquérir. Il faut en ceci, comme en toute chose, éviter le purisme ou affectation de la pureté, qui est un défaut.

La précision, qui consiste à exprimer la pensée avec le moins de termes que l'on peut et avec les termes les plus justes. Nul ne sera précis s'il n'a l'esprit droit, s'il n'a en tout des idées claires. On ne saurait trop habituer les jeunes gens à bien définir, à bien diviser; cet exercice contribue à développer la rectitude de l'esprit. Qu'il est commun de rencontrer un style prolixe, diffus, sans justesse, sans nerf! Il faut remarquer qu'il y a une certaine abondance qui n'est pas diffusion. Massillon donne toutes les nuances de l'idée; Cicéron est abondant : il n'est pas diffus.

Le naturel, qui fait dire sans effort, sans apprêt, sans recherche ce qu'on veut dire. Un des plus beaux modèles de ce genre est Lafontaine. L'affectation est un défaut contre lequel on ne saurait trop prévenir les élèves. Rien n'est délicieux comme un style naturel qui coule sans effort.

La noblesse, qui fait éviter les termes populaires, les idées basses, les images triviales, tout ce qui est plat.

La convenance, qui fait approprier le style au sujet. Il faut que le style soit l'incarnation naturelle de l'idée. De cette convenance résulte la variété ; car les idées varient à l'infini. Il faut donc que leur forme les imite et varie aussi. Il y a le genre triste, le genre joyeux, le genre plaisant, le genre pathétique, etc. ; il doit y avoir le style triste, joyeux, plaisant, pathétique, etc.

Voilà les qualités qui doivent se trouver dans tout style. Malgré cela le style peut varier, et de fait on distingue le style *simple* qui consiste dans le naturel et dans l'absence de tout ornement trop saillant ; *tempéré,* qui est plus fleuri, et *sublime,* qui atteint la limite, et dont les caractères sont l'énergie, la véhémence et la magnificence et le sublime proprement dit, lequel est ce qui dans une chose nous en donne la plus haute ou la plus petite idée.

On distingue encore dans le style, l'harmonie qui consiste dans un heureux choix de pensées, de phrases et de mots qui satisfont à la fois l'esprit, l'oreille, et vont parfois à peindre à l'oreille la réalité. Mais, s'il faut procurer l'harmonie des mots et des phrases, il faut éviter de les torturer, afin de les assujétir à produire une imitation forcée. Dans une phrase on trouve une, deux, trois, quatre phrases incluses, justement mesurées, liées facilement, se terminant par une cadence adroitement variée; c'est ce qu'on appelle période.

Il y a encore dans le style ce qu'on désigne sous le nom de figures. On les divise en figures de mots et figures de pensées. Les figures de mots, ou consistent à prendre un mot dans une signification autre que sa signification naturelle (tropes), ou gisent dans le mot lui-même. S'il est changé, la figure disparait. N'indiquons que les figures oratoires : la répétition, qui insiste sur une idée, la conjonction, la disjonction, l'apposition. Outre la trame ordinaire et correcte de la proposition, il y a certaines manières de parler qui donnent à la construction de la phrase une forme toute particulière ou faisant image, ou donnant plus d'énergie au sentiment, ou mettant plus en relief l'artifice oratoire. Ce sont les figures de pensées. Elles jouent un grand rôle dans le discours. Indiquons-les : ce sont l'interrogation, l'apostrophe, l'exclamation, l'épiphonème, l'ironie, l'hyperbole, la litote, la prosopopée, l'hypotypose, la comparaison, la gradation, la prolespe, la suspension, la prétérition, la réticence, la correction, l'antithèse, la périphrase et l'allusion.

Après l'élocution par le style vient l'action, qui est l'élocution du corps et qui en est aussi l'éloquence. On sait l'extrême importance que Démosthènes attachait à l'action. L'action comprend :

La voix, c'est-à-dire l'expression des idées par les mots. Elle est réglée par la prononciation. On doit attacher une grande importance à la prononciation. Elle consiste à faire sentir les lettres, à faire sonner les mots importants qui font le nerf de la phrase, à mettre entre chaque groupe de mots un intervalle senti ; à ne pas aller par bonds ou éclats, à ne pas terminer par des chutes périodiques chaque phrase, etc., etc.

Le meilleur exercice de prononciation est la lecture. On devrait établir dans tous les grands séminaires un cours de lecture. Mais c'est surtout dans les petits séminaires qu'on devrait en établir les premiers exercices. Rien n'est plus important pour le prêtre que de bien lire et de bien prononcer.

Le geste, c'est-à-dire l'expression des idées par le mouvement du corps. Il faut qu'ils viennent de la nature, que l'art les perfectionne. Il n'y faut rien d'extraordinaire, rien de recherché.

La physionomie, c'est-à-dire l'expression des idées par les traits et l'air du visage. On l'a dit, le visage est le miroir de l'âme. Le port de la tête, l'ensemble des traits, les yeux surtout, tout parle.

La mémoire oratoire, qui consiste à se rappeler le discours avec une vive sensibilité, avec toutes les impressions fraîches et puissantes, qu'il produisit dans l'âme de l'orateur la première fois qu'il les sentit. *Mon meilleur discours est celui que je sens le mieux.* Il faudrait que nous sussions parfaitement nos discours et que nous les débitassions avec le naturel et l'action d'un homme qui en éprouve la première impression.

On le voit, notre but a été de rappeler sommairement les notions de la rhétorique, éparses dans tous les ouvrages qui en traitent. Pour ne pas surcharger le texte, nous n'avons pas fait de citation. Quand on voudra traiter à fond cette étude, Aristote, Cicéron, Longin, Quintilien en fourniront le moyen facile. Pour nous, notre intention n'était que de retracer les principales règles de l'art de bien dire. Un pareil travail nous semblait le préambule nécessaire d'un cours de prédication. Les points qui sont fondamentaux en cette matière, nous semblent être la nécessité de la méditation en général pour toute question que l'on veut bien traiter ; la nécessité d'habituer son esprit à la rectitude et à n'avoir que des idées claires ; la nécessité de former, d'enchaîner les idées entre elles ; enfin la nécessité de la prononciation et de l'exercice de la lecture.

FIN DE LA PREMIÈRE PARTIE.

DEUXIÈME PARTIE.

ÉLOQUENCE SACRÉE.

La prédication est une fonction sainte qui consiste à enseigner aux hommes les vérités chrétiennes et à les exhorter à y conformer leur conduite. Le plein succès dans la prédication sera l'éloquence sacrée. C'est la définition de saint François de Sales qui dit : C'est la publication de la volonté de Dieu faite aux hommes par celui qui est légitimement envoyé, afin de les instruire et émouvoir à servir sa divine majesté en ce monde pour être sauvés en l'autre.

L'éloquence sacrée a sa rhétorique. Il y a selon les Pères une rhétorique sacrée.

Pour traiter d'une manière assez étendue cette grande question de la rhétorique sacrée, nous l'envisagerons sous deux points de vue : d'abord dans sa forme la plus élevée (éloquence sacrée) ; — ensuite dans sa forme la plus ordinaire, la plus fructueuse, la plus populaire et la plus importante (ministère pastoral). Pour le moment nous ne traiterons que le premier ; le second sera l'objet de la 3e partie.

Nous raménerons à deux idées tout ce que nous dirons sur l'éloquence sacrée. Nous la considérerons en général et dans les divers genres qu'elle embrasse.

I. — DE L'ÉLOQUENCE SACRÉE EN GÉNÉRAL.

1. Son excellence. — 2. Préparation qu'elle demande. — 3. Manière de la bien réaliser. Si elle est excellente il faut la préparer ; si on la prépare comme il faut elle sera bien réalisée.

Son excellence.

Après l'adorable sacrifice de la messe, qui

donne action sur le corps réel de Jésus-Christ, il n'y a rien de plus excellent dans le sacerdoce que la prédication qui donne action sur son corps mystique. Notre-Seigneur, le prêtre par excellence, n'a fait que cela. Il a offert son sacrifice et il a prêché : *oportet me evangelizare quia ideo missus sum.* Je donnerais mille vies pour être chargée d'une si noble mission, disait sainte Thérèse.

Sous quelque rapport que l'on envisage la prédication, elle est excellente.

Excellente dans l'orateur sacré qui l'annonce. Ce n'est pas un homme comme les autres, c'est un homme envoyé directement de Dieu selon ce qui a été dit : *mitto vos, euntes docete.* — Sa parole n'est pas une parole humaine purement, c'est la parole même de Dieu, tirée de l'Écriture, transmise par la tradition et approuvée par l'Église. C'est une parole catholique, universelle, s'adressant à tous, les dominant tous. C'est une parole à nulle autre pareille. Terrestre et bornée, la parole de l'homme ne s'occupe que d'objets terrestres et bornés, la parole sacrée la domine infiniment : Dieu, la création, les rapports naturels et surnaturels de la créature avec Dieu, voilà son thême. Dites si l'on peut en trouver un plus grand. Son but est aussi excellent que son thême; elle produit d'abord la gloire de Dieu, fin si divine que rien ne peut en approcher; — le salut des hommes qui est le plus grand bienfait qu'on puisse leur donner et, après la gloire de Dieu et le salut de l'homme, elle produit comme par surcroît les biens qui reposent le cœur et l'âme et la vie du corps. Nulle blessure qu'elle n'adoucisse, nul bien qu'elle ne procure. Elle a adouci et civilisé l'homme et la société. Non-seulement elle agit sur l'auditeur, mais encore sur celui qui l'annonce et devient pour lui une source de jouissances et de mérites ici-bas. *Vir peritus multos erudivit et animæ suæ suavis est* — et pour l'éternité : *qui ad justitiam erudiunt multos fulgebunt quasi stellæ in perpetuas æternitates*. Tous ces effets qui démontrent son excellence prouvent aussi sa nécessité, laquelle établit aussi l'excellence. *Non est scientia Dei in terrâ,* dit l'Écriture, *maledictio et mendacium et homicidium et furtum et adulterium inundaverunt.* Beaucoup de personnes ne savent pas lire ; parmi celles qui savent lire, beaucoup ne lisent pas les livres religieux; parmi celles qui les lisent, beaucoup ne comprennent pas ou si elles comprennent elles ont besoin d'être excitées, il est donc nécessaire de prêcher. *Prœdicate omni creaturæ.* Ainsi, elle est encore excellente dans son origine, en elle-même, dans son objet, dans ses effets civils et religieux. Que la parole humaine, pour grande qu'elle soit, est loin d'une telle excellence!

Sa préparation.

Si elle est excellente, il faut la préparer. Rien ne se fait bien sans préparation. La parole sainte exige une double préparation : préparation éloignée, préparation prochaine.

1. La préparation éloignée embrasse l'ensemble des moyens qui nous mettent en état de pouvoir parler comme il faut avec l'aide de la préparation prochaine, quand le moment sera venu de le faire. Elle consiste

dans les lectures, dans les recueils et dans les essais de composition.

Il faut lire. Nous n'avons pas la vérité en nous, il faut la recevoir du dehors; c'est une manducation spirituelle semblable à celle du corps. La lecture a de plus cet avantage qu'elle nous montre l'exemple, lequel est toujours plus clair, plus court, plus intéressant que la règle. Les principaux ouvrages à lire, nous semblent être Démosthènes et Cicéron parmi les anciens, saint Chrysostôme et saint Augustin parmi les Pères; Bourdaloue, Massillon et Bossuet parmi nos modernes. Nous parlons, qu'on l'entende, des ouvrages à étudier pour nous bien former à la parole. Il faut les lire *longtemps;* les lire *avec étude, méditation, analyse* et *recomposition;* il ne faut pas être exclusif, reconnaître tous les genres de beautés, tout en suivant son genre. Tout ceci est d'une extrême importance, on ne saurait trop le recommander.

Il faut recueillir. Regardez comme perdue toute lecture que vous avez faite sans avoir la plume à la main; c'est le conseil de saint

Damase, c'est la recommandation de Mabillon; c'est l'expérience. Ne confions que le moins possible à notre mémoire, elle nous tromperait; confions tout au papier. Un trait, un mot, une idée, un passage vous frappe, écrivez-le, c'est le moyen de le posséder toujours. Ayez donc un recueil, un recueil alphabétique; à chaque lettre, comme dans un alvéole de ruche, ramassez tout ce que vous trouverez au-dehors. Ce travail vous épargnera plus tard une grande perte de temps. Nous avons un peu dans ce genre l'*Index Biblicus*, le *Thesaurus Patrum*. A la fin des Bibles et des Pères on a aussi mis un *index alphabeticus*, qui peut faciliter les recherches.

Il faut composer, c'est l'important, *caput est*, dit Cicéron, *quàm plurimùm scribere*. Les lectures et les recueils ont pour but de produire la composition. Il faut de toute nécessité s'exercer à écrire; commencez par des traductions, tournez en votre langue les passages fameux des auteurs célèbres. — Prenez les auteurs de notre pays, lisez-en une page très attentivement, repassez en vous même les idées, constatez leur liaison et leur développement, voyez avec quelle précision, quelle justesse, quelle beauté elles sont rendues; cela fait, prenez la plume, écrivez ces mêmes idées et comparez ensuite votre travail et celui de l'écrivain; on ne peut croire le profit qu'on retire d'un pareil exercice. Tenez vous en aux idées, c'est là l'essentiel; l'idée bien maniée mène tout avec elle, et la lumière et la chaleur et si on le veut bien on trouvera la forme qu'il lui faut. En dehors de ces travaux calqués, il faut aussi écrire sur ses propres idées, afin d'avoir un style à soi, qui pour être moulé sur les bons modèles n'en soit pourtant pas une servile copie.

Au traité du ministère du pasteur, nous parlerons de l'Écriture, des Pères, de la théologie, de l'histoire ecclésiastique comme sources de prédications.

2. La préparation éloignée, les lectures, les recueils, la composition et l'étude ont pour résultat de mettre l'orateur à même de parler sur tout sujet sacré. Mais, évidemment, pour parler sur un cas particulier, il faut qu'il se recueille, qu'il concentre ses

forces oratoires sur ce point, c'est ce qu'on appelle préparation prochaine, c'est-à-dire préparation qui a pour objet immédiat une question particulière à traiter.

Il faut toujours se préparer prochainement et immédiatement à parler. Si on néglige ce travail préparatoire on manque à la parole sainte, à Dieu, à son auditoire et à son ministère que l'on compromet, comme nous l'établirons plus au long en parlant des pasteurs. Dans le genre élevé que nous avons présentement en vue, le plus grand défaut n'est pas le manque de préparation. Si pourtant, même dans ce genre élevé, on croyait pouvoir se passer de préparation au bout d'un certain temps, que l'on se rappelle que Cicéron ne paraissait jamais à la tribune sans s'être préparé : *numquàm nisi paratus et meditatus accedo;* et que saint Augustin, ce génie si facile, après avoir parlé toutes les semaines durant trente ans, se préparait encore, nous dit-il, *magno labore!*

C'est ici le moment de rappeler la convenance oratoire. Qu'au moment de se mettre au travail l'orateur sacré se rappelle de choisir un genre de prédication qui lui convienne. Ne forçons point notre talent. Il n'y a de véritable éloquence que celle qui convient à la personne qui parle, à sa position, à l'auditoire, aux circonstances; l'Écriture a très bien résumé tout cela dans un mot : *sermo opportunus est optimus.*

On invoque ensuite celui par l'esprit duquel nous devons parler, on réunit les matériaux, on réunit les idées, on ourdit sa trame après avoir bien médité, et quand on sent que le sujet est mûr, on écrit : au bout d'un certain temps on revoit, on corrige ce premier jet en s'approchant le plus du naturel, du vrai et des règles déjà données pour la composition du discours, et enfin on s'en pénètre, autant que possible, afin de le débiter avec tout le naturel nécessaire.

Son exécution.

L'excellence exige la préparation; la préparation exige aussi la bonne exécution. La bonne exécution se fait par l'action. Parlons de l'action et des parties qui la composent.

Son importance est partout reconnue. « *Dites merveille, ne le dites pas bien, ce n'est rien*, dit saint François de Sales; *dites peu et bien, c'est beaucoup.* » C'est que l'action est la manifestation extérieure du discours, sa réalisation totale; c'est elle qui le montre aux sens. Si elle plaît aux sens, les sens l'introduisent et le discours est reçu. L'action est nécessaire dans tout discours, mais elle l'est surtout dans les discours sacrés à cause de leur importance. Que les prédicateurs donc s'appliquent à avoir de l'action, qu'ils se pénètrent parfaitement des qualités que doit avoir leur action.

Elle doit être avant tout, par-dessus tout, *naturelle*. Soyez naturel dans vos gestes, naturel dans la pose, naturel surtout dans le ton de voix. Ne déclamez pas, ne chantez pas, parlez. Nous ne saurions trop le répéter : ne déclamez pas, ne chantez pas, parlez, que votre discours soit une conversation animée avec votre auditoire.

Elle doit être *édifiante*, vous êtes prêtre, dans une fonction sacrée, soyez le *vir bonus*, soyez grave, modeste, pénétré; évitez les transports fougueux et terribles, les airs mondains, suffisants, prétentieux, les tons de commandement, les airs de maître, la recherche dans votre extérieur, etc., etc.

Elle doit être *variée* et *expressive* selon les passages et les idées, toujours d'accord avec le fond.

Le principe de l'action c'est le sentiment. Ayez du cœur, sentez vivement ce que vous allez dire et vous aurez de l'action. Si trop de timidité vous retient, corrigez-la un peu par le sentiment de votre position, mais gardez-en toujours. Combattez surtout l'amour-propre qui, vous rendant trop désireux de plaire, vous jetterait dans la prétention et le ridicule, ou à tout le moins, vous empêchant d'être naturel parce que vous seriez préoccupé, paralyserait ainsi le succès de votre discours.

L'action règle la prononciation, la contenance du corps et de la tête.

La prononciation doit être claire, distincte, pure et correcte. Elle ne doit être ni rauque, ni sèche, ni efféminée, ni trop lente ni trop rapide. Elle doit donner un accent propre et particulier à chaque passage. Elle doit être calme, modérée dans l'exorde; claire dans la division; simple, posée et coulante dans la narration; ferme et assurée sans orgueil dans l'argumentation; supérieure dans la réfutation; pénétrée et animée dans les mouvements; pénétrée et pathétique dans la péroraison. Il ne faut pas chuter trop sensiblement, il faut articuler chaque mot, s'arrêter à propos selon le sens et le besoin de la respiration, et quelquefois plus longtemps après un passage important. Disons-le encore, il faut être naturel. Il ne faut pas déclamer, nul genre n'est plus faux, plus monotone, plus fatiguant que le genre déclamatoire.

Quant à la contenance, le corps doit être droit sans se balancer. On est debout à l'exorde en tenant la barrette des deux mains, quand on veut exhorter et penser; on se couvre et on s'assied aux preuves. Il faut être sobre de gestes. Mieux vaut en faire trop peu que trop, pas du tout qu'un mauvais. Les grands sentiments rendent immobiles. La main gauche ne doit presque jamais gesticuler seule, elle doit accompagner la droite généralement, les deux mains ne doivent pas dépasser la hauteur des épaules ou des yeux, ni s'abaisser au-dessous de la ceinture. Il ne faut pas montrer le poing fermé, ni ne montrer que l'index en repliant les autres doigts. Il ne faut pas imiter avec les gestes ce que l'on dit. Il faut éviter les mouvements outrés et violents; il ne faut jamais claquer des mains, etc., etc.

Quant à la tête, elle doit être naturellement droite, sans qu'elle soit ni trop penchée, ni trop haute, ni trop baissée, ni trop raide, ni trop immobile. En parlant à Dieu et aux saints, on la lève avec modestie et dans l'admiration; lorsqu'on compatit, prie ou évoque, on l'incline médiocrement. Si on affirme, si on confond, on la tient ferme. Dans l'horreur on la détourne. Le visage est la partie principale de la tête. Le visage est un tableau où se peignent la tristesse, la colère, la compassion, l'orgueil, en un mot toutes les passions de l'homme. Il faut qu'il s'accorde avec ce que l'on dit. — Les yeux jouent le principal rôle dans le visage. Ils sont le miroir de l'âme, la langue du cœur. Rien n'est magique comme le regard, rien n'est puissant à l'égal de l'œil; chacun sait sa force. Il s'élève, il admire, il contemple; il s'anime, il menace, il reproche; il est doux, il caresse; il est triste, il se voile, il pleure. Il est en accord parfait avec le cœur; si le cœur agit, il parlera.

Tel est l'ensemble des règles. Elles sont établies pour régler l'action, mais elles ne la créent pas. Il faut que l'action vienne du cœur, c'est là son principe. La science des règles servira à éviter la fougue, les excès de l'action.

Au traité du ministère du pasteur, il sera dit comment il faut s'y prendre pour instruire — plaire — et toucher, ce qui est la manière de bien exécuter quant au fond la prédication.

II. — DIFFÉRENTS GENRES QU'ELLE EMBRASSE.

Jusqu'à présent nous avons vu quelle était l'excellence de l'éloquence sacrée; quelle était sa préparation quant aux sources et quant à la manière de la réaliser; nous avons établi sa bonne exécution quant à l'expression extérieure, il ne reste plus qu'à dire les différents genres qu'elle embrasse. Ces genres peuvent varier soit à raison des matières que l'on traite, soit à raison des formes du discours où on les traite.

§ 1. — *Différents sujets.*

Les différents sujets que l'on peut avoir à traiter sont :

1. Les vérités chrétiennes. On peut chercher à en établir la certitude, les examiner en elles-mêmes, c'est le coup-d'œil dogmatique; ou les présenter comme motifs de vertu, c'est le point de vue moral. En les traitant, il ne faut pas généralement prendre un ton de controverse. Il faut toujours les supposer et les prouver néanmoins; les preuves doivent être bien choisies, claires et très logiques; on les présente sous une forme intéressante, animée. Quant aux objections, il est dangereux de les formuler trop crû-

ment, il vaut mieux *les détruire en donnant des explications qui les préviennent.* C'est une règle dont il ne faut pas se départir quand il s'agit du dogme. Aux preuves, il faut ajouter toutes les considérations propres à faire ressortir la beauté, la majesté, la sainteté du sujet et ses harmonies avec notre nature. C'est ce côté du dogme que l'on doit aujourd'hui surtout mettre en relief et qui parle le plus aux âmes. On déduit ensuite quelques affections pieuses qui touchent toujours comme tout Verbe fait chair; il ne faut pas négliger les conclusions pratiques et en rapport avec le sujet. Ajoutons que les orateurs ne doivent pas traiter leurs auditeurs comme des impies, des incrédules, des rationalistes, des philosophes. S'ils parlent à des hérétiques, que ce soit avec une excessive douceur; s'ils s'adressent à des pécheurs, qu'ils prennent le ton d'un père qui les aime et qui les plaint. Ces points sont d'une extrême importance, nous y reviendrons au ministère des pasteurs. A la dernière partie, nous donnerons un exemple d'un discours sur les vérités chrétiennes.

Nous voudrions qu'aujourd'hui on s'attachât à prêcher souvent les fins dernières et les perfections de Dieu, et la connaissance de son fils Jésus-Christ. L'amour et la crainte triompheraient de beaucoup d'âmes. Mais pour les fins dernières, il faudrait beaucoup de prudence; il faudrait éviter de laisser trop jouer l'imagination dans l'enfer et le jugement dernier, ne pas damner son auditoire, se confondre avec lui dans une même terreur, et, quand la frayeur a opéré, ouvrir à l'âme une issue assurée dans la bonté de Dieu. La crainte n'est que le commencement de la sagesse, c'est l'amour qui en est la fin. On devrait traiter les réalités futures et le paradis, sujet si important, qui ferait tant de bien et que l'on sacrifie trop souvent.

2. Les MYSTÈRES, c'est-à-dire les principales actions de Jésus-Christ et de la sainte Vierge, que l'Église célèbre dans la suite de sa liturgie. Nous en traiterons principalement au traité du ministère des pasteurs. C'est sous la main du pasteur que comme un rosaire admirable se déroule l'année liturgique, c'est

lui qui doit y faire participer ses fidèles en les leur expliquant comme il sera dit.

3. Les VERTUS et les VICES, les SACREMENTS, la PRIÈRE, tous ces sujets appartiennent assurément à l'éloquence sacrée, et de fait ils sont traités assez fréquemment dans les chaires. On verra dans les sermonnaires une foule de discours qui les exposent pour les circonstances solennelles. Nous avons préféré les traiter en détail dans le ministère pastoral, c'est le pasteur qui doit surtout les traiter dans son Église.

Voilà les sujets qu'embrasse la rhétorique sacrée : vérités, pratique de la vertu et fuite du vice, sacrements, prières, ces quatre principes réunis forment les saints. On peut donc leur ajouter les saints dont l'éloquence se sert comme leçons et comme exemples, comme il sera dit à propos des panégyriques.

§ 2. — *Différentes formes.*

La prédication a plusieurs formes. Nous les divisons en formes solennelles et formes moins solennelles. Nous renvoyons celles-ci au ministère des pasteurs. Pour le moment, nous ne retenons que les solennelles, qui sont : le sermon, le panégyrique, l'oraison funèbre et le sermon de vêture.

Du Sermon.

Le sermon est une instruction religieuse dans laquelle on s'attache à suivre les règles que donne la rhétorique pour les discours oratoires.

Il comprend trois grandes parties : l'exorde, — le corps du discours, — la péroraison.

Dans l'exorde, nous trouvons : — le texte qui doit renfermer ou équivalemment le discours en abrégé, n'être ni trop court ni trop long et être traduit simplement. — Après le texte vient une introduction générale qui en est tirée et qui est destinée à disposer favorablement les auditeurs, à gagner leur attention, leur bienveillance. Dans cet exorde, il faut être court, — simple, — clair, — exact, — adapté au sujet et aux auditeurs. Selon le conseil de Cicéron, il ne faut faire l'exorde que lorsque le discours est achevé, parce qu'alors il est facile d'en faire jaillir le discours comme la fleur sort de la tige.

Si vous employez l'exorde simple, craignez d'être trop familier ou bas. — Si, craignant des préjugés, vous commencez par insinuation, ayez de l'art, mais fuyez tout ce qui choquerait la vérité ou la délicatesse. — Quand, ayant à chanter un saint connu d'avance, vous recourez au pompeux, fuyez l'affectation qui en est si voisine; rarement employez l'*abrupto*.

On explique son texte, on l'applique au sujet que l'on a soin d'indiquer, en circonscrivant ses points de vue et en laissant paraître son plan, enfin on l'énonce. On doit éviter les plans extraordinaires, les tirer soit de l'Écriture, soit des Pères, soit du sujet. La division suit le plan; ses qualités sont d'être claire, — juste, — courte, simple et pratique. Vient ensuite l'invocation; mais il faut bien la faire et éviter les déclamations fausses, stériles, affectés. On le termine par l'*Ave Maria* ou l'*O Crux ave* ou le *Regina cœli*. Si pour lors on ne peut éviter de faire un compliment, il faut le mettre à l'exorde et le faire avec tact et délicatesse.

On parle ensuite au corps du discours; on débute par quelques phrases préparatoires qui amènent naturellement les subdivisions. On peut ne pas annoncer les subdivisions. Il ne faut pas en mettre trop : le sermon serait trop haché et perdrait de sa force et de sa majesté. Ensuite on prouve, on applique la vérité à son auditoire, puis viennent les sentiments et les mouvements oratoires, à la suite desquels on ménage une transition naturelle pour arriver à l'autre subdivision, qui doit être plus intéressante que la première, afin que l'intérêt aille croissant. A la fin de la première partie, on récapitule, on groupe toutes les subdivisions. — La deuxième partie est comme la première.

Pour composer le corps du discours, il faut suivre les règles données pour les vérités dogmatiques, ou celles que nous donnons pour les autres sujets, selon que le sermon aura pour objet l'une ou l'autre de ces matières et les principes de rhétorique établis en la première partie de ce cours.

La péroraison doit être bien ménagée, bien étudiée; c'est le moment décisif, la partie suprême du sermon. Le plus souvent elle doit avoir quatre parties : — d'habitude on y résume les points principaux, les preuves les plus fortes du discours, mais en peu de mots, avec énergie, chaleur et variété. On peut mettre en scène Jésus-Christ, placer l'auditeur au lit de la mort, aux pieds du crucifix, etc., etc. — On tire la conséquence pratique ou le fruit du discours. — On fait une exhortation pathétique, véhémente, brûlante. *Hic... totos eloquentiæ fontes aperire licet* (Quint.). — On fait une prière afin de demander au nom de tous la grâce de réaliser les résolutions prises; on peut très bien intercaler dans cette prière la paraphrase de quelques versets d'un psaume analogue au sujet, ou d'un passage de l'Écriture. Il ne faut jamais finir par un coup brusque et théâtral, ni laisser son auditoire sous le coup de la terreur.

En lisant les auteurs, on trouve l'application de ces règles, nous ne citerons pas les modèles de sermons qui sont répandus partout. Nous indiquerons, comme dans un tableau, les parties qui en forment comme la charpente.

1. *Exorde.* — Texte — introduction générale tirée du texte — annonce du sujet — division — invocation.

2. *Corps du discours.* — Introduction particulière — subdivision, première preuve — deuxième preuve. Conclusion, application, sentiment et transition — autre subdivision, même marche, conclusion de la première partie, mouvement oratoire, transition à la deuxième partie.

3. *Péroraison.* — Récapitulation des preuves — fruit pratique — exhortation pathétique — invocation.

Pour le débit, on en rappellera les règles données au chapitre de l'exécution.

Si le sermon est la forme la plus solennelle de la prédication, il faut le reconnaître, il n'est pas la plus instructive. Ce n'est pas à dire qu'il faille le bannir, mais c'est-à-dire qu'il doit être rare à raison même de sa solennité et ne paraître qu'aux grandes fêtes, qu'aux grandes occasions, dans l'avent et le carême parfois et dans les grandes missions. Peut-être faudrait-il le réduire un peu et l'accommoder aux auditoires actuels.

Panégyrique.

Le panégyrique est une instruction religieuse qui a pour but d'édifier à propos de la vie d'un saint.

L'histoire d'un saint est le récit complet de sa vie. Son panégyrique ne prend que ce qui sert à l'édification de l'auditoire. Il s'inspire de la position du saint, de ses actions, de ses intentions, de ses paroles, de la comparaison qu'on en fait à divers personnages. Seulement ici l'excès est à éviter, et quelque grand que soit son héros, il ne faut jamais l'élever au-dessus de Notre-Seigneur, de Marie ou des apôtres; car, dit saint Thomas, *acceperunt cœteris abondantius*. Pour avoir une utilité réelle, il s'attache à montrer dans le saint la fidélité à remplir exactement les devoirs de son état, en quoi gît toute sainteté; les vertus que les auditeurs peuvent le mieux pratiquer dans leur position, *exempla trahunt.* Il laisse de côté ce qui serait plus admirable qu'imitable, tout ce qui découragerait la faiblesse du siècle, loin de l'exciter, et tout ce qui, extraordinaire quoique vrai, ne produirait pas de suite l'effet voulu. Cela ne doit pas faire conclure à exclure les miracles; loin de là, la vie des saints en est émaillée, et sur le nombre il en est de très propres à affermir la foi et à nourrir la confiance. Ce sont ceux-là que le panégyrique recueille. Pour ce qui est de la forme, le panégyrique en admet deux : l'une, *morale,* consiste à prendre une ou deux vertus, un ou deux degrés de la même vertu, et montrer que le saint les a eues; l'autre, *historique,* suit les époques de la vie du saint : son enfance, son âge mûr, etc. Quelque forme que l'on embrasse, il faut éviter de trop discuter, il faut faire agir, parler son héros. Le style doit être élégant, élevé, pompeux. Le panégyrique étant une couronne, les fleurs, les diamants ne le déparent pas. Voyez les panégyriques de Bossuet.

On peut faire aussi des panégyriques plus simples et plus populaires, mais toujours calqués sur le plan des grands maîtres (1).

Eloge funèbre.

On ne doit pas se proposer simplement de louer son héros, il faut voir l'action de Dieu sur lui. Il ne faut pas donner de fausses louanges. On peut taire, voiler, donner à entendre habilement le mal; louer le bien qui a été fait dans les vues et par l'aide de la Providence; faire ressortir les vertus. Il est permis d'exprimer des regrets, de l'admiration, des gémissements sur l'inconstance de la vie, etc.; le style doit être noble, digne, fort, naturel. Bossuet est un modèle achevé en ce genre.

Sermon de vêture.

Ici les règles sont moins précises. La solennité du discours peut varier. L'orateur

(1) Voir à la fin un essai de panégyrique. J.

peut parler de la vie religieuse qui s'ouvre, du monde qui s'éloigne, des desseins de Dieu qui commande cette séparation, etc., etc. Il faut aussi intéresser les assistants et leur dire ce qu'ils peuvent retirer de pareilles cérémonies. L'onction, la dignité, l'élégance même, ne sont pas déplacées dans de tels discours.

Dans la quatrième partie on trouvera les détails pratiques qui complètent ces règles.

Voilà à peu près ce que l'on peut dire sur l'éloquence sacrée considérée en général et dans le sens le plus élevé. Mais il y a un autre point de vue sous lequel il faut l'envisager pour en avoir une idée réellement complète. Le Christianisme nous a donné une institution admirable, qui est la prédication en permanence. La première est transitoire, l'autre est toujours en exercice. On a beaucoup parlé de la première, et en vérité la chose était facile. On a un peu népligé la seconde. Nous voudrions pouvoir combler cette lacune. Voilà pourquoi résumant brièvement ce qui a été dit sur l'éloquence sacrée en général et considérée dans ses formes solennelles, nous allons nous occuper plus attentivement du ministère pastoral.

FIN DE LA DEUXIÈME PARTIE.

TROISIÈME PARTIE.

DU MINISTÈRE PASTORAL PAR RAPPORT A L'ÉLOQUENCE SACRÉE.

Tout le monde sait en quoi consiste le ministère pastoral. Envisagé par rapport à la prédication, on peut le définir le devoir imposé à tout prêtre ayant charge d'âmes d'instruire son peuple selon la loi de l'Église. Nous l'envisagerons dans le général d'abord et ensuite en particulier.

DU MINISTÈRE PASTORAL EN GÉNÉRAL.

Nous traiterons de son excellence, — de sa préparation, — de sa réalisation.

*

Son excellence.

L'excellence du ministère pastoral est sensible même au point de vue purement humain.

Voilà un homme qui se sépare librement de sa famille, qui renonce le voulant bien aux joies légitimes du monde. Il arrive au milieu d'un peuple inconnu, il l'adopte, en fait sa famille, le réunit sous sa houlette, l'instruit, le corrige, le civilise. Nulle misère qu'il ne ressente, toute douleur va à son cœur. Au moment du besoin il est le premier, il est le seul à porter et secours et remède. Son souvenir s'unit aux souvenirs des familles et des membres qui les composent. C'est lui qui a baptisé le nouveau-né, uni les jeunes époux et conduit l'aïeul au tombeau. Le pauvre va le trouver, le malheureux vient lui conter ses peines. Il les assiste, il les console; sa vie est simple et obscure; Dieu seul et ses anges en savent les mérites. Comme une étoile retirée, il ne brille que pour sa paroisse. Sa mort est aussi simple, aussi sainte que sa vie. Lorsque plein de jours et de mérites, il retourne à Dieu, sa dépouille accompagnée de ses enfants en pleurs va reposer sous l'humble croix du cimetière avec ceux qu'il a aimés. *Quomodo in vitâ dilexerunt se ita et in morte sunt separati.* Humainement parlant, une telle position n'est-elle pas admirable? Aussi il n'est pas rare de rencontrer dans les écrivains de nobles pages écrites sur les curés de campagnes. C'est lui, c'est cet humble pasteur qui est l'homme de Dieu, l'homme du peuple. On lit le nom de Dieu au front scintillant des étoiles, on le lit aussi dans le monde moral sur le front du prêtre.

Mais au point de vue divin, qu'il est encore plus excellent le ministère pastoral.

Jésus-Christ a prêché : *oportet me evangelizare quia ideo missus sum.* Il a condamné le monde : *Nunc judicium mundi, nunc princeps hujus mundi ejicietur foràs.* Il s'est dévoué pour nous : *Christus dilexit nos et tradidit semetipsum.* Le ministère des pasteurs n'est que la réalisation du ministère de Jésus-Christ. C'est un apostolat permanent qui prêche, qui combat, qui se dévoue, qui se sacrifie. Rien de plus excellent que le ministère de Notre-Seigneur. Rien de plus excellent que le ministère des pasteurs.

De plus, Jésus-Christ s'est fait Église. L'Église c'est Jésus-Christ répandu et communiqué, c'est Jésus-Christ présent à tous les points du temps et de l'espace. Mais c'est par le pasteur que l'Église est aussi présente à tous les points du temps et de l'espace. De loin en loin il y a des clochers, et au pied de chaque clocher se trouve un homme, c'est le prêtre, c'est le pasteur, qui n'est que l'Église en petit. Ainsi Jésus-Christ s'est fait Église, l'Église se résume dans le pasteur. Jésus-Christ a fait la grâce et la vérité : *Gracia et veritas per Jesum Christum facta est.* L'Église n'est que la grâce et la vérité à l'état social ; le pasteur à son tour n'est que la grâce et la vérité réunies dans un homme et mises à la portée de la paroisse. La grâce et la vérité ! deux éléments qu'il faut rigoureusement connaître pour apprécier autant qu'il est nécessaire le ministère du pasteur.

Que dirons-nous donc de la grâce? Il est difficile d'en parler. Nous savons seulement qu'elle est ce milieu merveilleux qui a la nature pour base (1) et la gloire pour terme. C'est cet éclat éblouissant causé dans l'âme par la présence de Dieu comme la splendeur est causée dans l'air par le soleil. C'est cette illumination de l'âme qui nous concilie le saint amour : *Nitor animæ sanctum concilians amorem.* C'est une émission de lumière et de chaleur qui frappe l'âme, la pénètre d'intimes et brûlants mystères, la réchauffe, l'assouplit et lui donne l'heureuse fécondité du bien surnaturel. C'est elle qui est la semence de la gloire en l'homme, le principe de tous ses mérites et la source de ses véritables jouissances. Nul trésor n'est comparable au trésor de la grâce. Gloire, richesses, honneurs, rien n'en approche. Le plus petit degré de grâce l'emporte sur toutes les créatures créées et possibles. Et c'est cet élément que le pasteur jette sur le peuple pour

(1) Bien entendu qu'elle est absolument distincte de la nature. Quoique distincte, elle la suppose, la perfectionne.

le purifier, l'agrandir, le fortifier et le rendre capable de l'éternité.

Que dirons-nous de la parole de Dieu, ou de la vérité. Tout homme sait ce qu'il y a de grand dans la parole humaine, tout ce qu'il y a de beauté dans la vérité humaine. Mais quand élargissant votre idée, vous parlez de la vérité même de Dieu, de la parole même de Dieu, alors on ne peut dire assez quelle en est l'excellence. La vérité, c'est l'être même, le Verbe même de Dieu, s'incarnant sous ces mots. Aussi on dit : que cette *parole est merveilleuse; qu'elle se justifie par elle-même; qu'elle est plus pure que l'argent purgé sept fois; qu'elle illumine, éclaire, dirige, console; qu'elle est une musique délicieuse; qu'elle est vive, ferme, pénétrante; qu'elle est magnifique; qu'elle remue les cèdres et ébranle les déserts; que dans le cours des siècles elle nous est arrivée en plusieurs manières, et en dernier lieu par le Verbe lui-même, qui nous l'a donnée dans toute sa plénitude.* Convenez-en, si la parole humaine est belle que dire de la parole de Dieu?

Voilà les deux éléments qui constituent le

trésor du pasteur ; on peut rigoureusement dire de lui comme de Jésus-Christ : *plenum gratiæ et veritatis*. Ce trésor se distribue par le ministère ; mais le ministère se résume dans la parole. Il faut toujours parler. Parler pour changer le pain et le vin au corps et au sang de Jésus-Christ ; parler pour remettre les péchés et convertir les pécheurs ; parler pour régénérer au saint baptême ou pour appliquer l'onction dernière ; parler pour tous les sacrements : *accedit verbum ad elementum et fit sacramentum*. Parler pour réciter les formules sacrées du saint office ; parler à son peuple réuni ; parler dans le village, dans les maisons. C'est une voix qui ne se tait ni le jour ni la nuit. Il peut dire : *ego vox*. C'est le Verbe incarné. En sorte qu'on peut définir le ministère pastoral une prédication continuelle de la vérité catholique pour la gloire de Dieu et le salut du peuple selon les lois de l'Église. Aussi saint Thomas expliquant le texte de saint Paul : *ipse dedit*, etc., remarque que l'apôtre met de suite : *pastores et doctores, ad ostendendum*, dit-il, *quod proprium officium pasto-*

rum Ecclesiæ est docere ea quæ pertinent ad fidem et bonos mores.

Ici il faut se rappeler ce qui a été dit de l'excellence de l'éloquence sacrée en général. C'est ici surtout que l'application en est plus nécessaire et plus juste, le monastère pastoral étant la réalisation constante et universelle de cette éloquence.

Pour achever de démontrer l'excellence de ce ministère, expliquons les qualités que doit avoir celui qui est appelé à le remplir. Ces qualités nous les avons recueillies de la tradition et nous les trouvons résumées dans ces paroles : *fidelis servus et prudens quem constituit Dominus super familiam suam ut det illis in tempore tritici mensuram.* Qualités rarement réunies, mais que tout prêtre doit s'efforcer d'acquérir par les efforts de toute sa vie; ouvrons-les, elles nous donneront l'idée la plus exacte du pasteur.

Servus. — Le pasteur doit être serviteur de Jésus-Christ, de Jésus-Christ qui est venu non pour être servi mais servir; selon la parole de ce divin maître, la grandeur consiste à servir : *qui præcessor est sicut ministrator,* n'est pas esclave qui veut. Il n'y a de véritable esclave que celui qui aime; ceux que d'habitude nous appelons esclaves ne le sont pas ou ne le sont qu'imparfaitement. Ils sont liés au dehors, mais une chaîne c'est un peu de fer et le fer ne lie pas les âmes; ce qui lie les âmes c'est l'amour, il n'y a que l'amour qui rende pasteur. Pour établir Pierre pasteur universel, Notre-Seigneur lui demande un amour plus qu'ordinaire. Si vous ne voulez pas être esclave, ne soyez pas pasteur. Ne redoutez pas cet esclavage, il n'y a rien de plus doux que d'aimer et quand on sert par amour on est heureux.

De là résulte la nécessité d'aimer Jésus-Christ et de l'aimer d'un amour réel, personnel, intime, qui nous fasse trouver tout en lui : ami, frère, maître, seigneur, de là aussi l'obligation de l'étudier, de le connaître, et avec l'attachement à Jésus-Christ, vient inévitablement l'amour des âmes. *Nos servi vestri per Jesum.* Les âmes sont si précieuses, si nobles! Elles ont tant coûté au Sauveur! tout est pour elles : *Omnia propter electos ut salutem consequantur. — Omnia vestra, vos autem Christi.* Les âmes! il faut qu'elles soient notre amour, notre passion, notre conquête, le fruit sacré de nos larmes et de nos fatigues sur la terre, en même temps que notre couronne dans l'éternité. Amour précieux des âmes que vous êtes rare, mais que vous êtes nécessaire; jamais on ne pourra assez dire combien tout pasteur doit aimer les âmes! Ayons ce sentiment si touchant de Jésus-Christ : *Videns autem turbas miseretur eis quia erant vexati et jacentes sicut oves non habentes pastorem, tunc dixit discipulis suis : messis quidem multa operarii autem pauci, rogate ergo dominum messis ut mittat operarios in messem suam.*

C'est cet amour de Jésus et des âmes qui constitue la pureté d'intention; c'est lui qui nous porte à faire promptement, sans murmurer, tout ce qu'exige la volonté de Dieu et le bien des âmes. Son capital ennemi est l'amour de soi ou l'attache au péché.

Fidelis. —Le serviteur fidèle est celui qui prend les intérêts de son maître et qui ne détourne rien pour soi. Dieu désire être connu, aimé et servi; c'est là pour ainsi parler son unique intérêt, celui qu'il faut lui procurer à tout prix. Dieu confie au pasteur ses biens les plus précieux : son église, une partie de son peuple, sa grâce, sa parole, ses sacrements et toutes sortes de moyens. Il faut les faire valoir et renvoyer à Dieu tout le profit, toute la gloire : ne désirant que lui pour récompense. Ce serait un crime que de soustraire une partie de la gloire de Dieu; ce serait aussi une folie, car toutes les forces humaines réunies ne produiraient pas une étincelle de grâce; si donc le ministère produit quelque fruit, c'est le Seigneur qui l'a fait produire. *Soli Deo honor et gloria.* Eût-il les succès de saint Paul, le pasteur doit comme ce saint apôtre ne se plaire que dans ses infirmités et craindre la damnation.

Le serviteur fidèle est encore le serviteur loyal pour qui une marque de confiance équivaut aux plus rigoureuses obligations. Cette idée que Dieu lui a confié ce qu'il y a de plus précieux, lui fait regarder comme une horrible forfaiture la seule pensée de trahir une si haute confiance. Il est encore le serviteur exact, car fidélité signifie exactitude. Il remplit ponctuellement tous ses devoirs. Il est enfin persévérant dans ses engagements qui lui sont toujours chers et sacrés. Nous ne faisons qu'indiquer ces aperçus, il sera toujours facile de les développer.

Prudents. — La prudence consiste à connaître son but et à savoir prendre les moyens qui peuvent le mieux le réaliser. Soyez prudents, dit Notre-Seigneur à ses disciples. Les saints Pères parlant de la prudence du serpent disent que cet animal expose toujours le corps pour sauver la tête. Ainsi fait le pasteur prudent, il sacrifie tout plutôt que de perdre l'essentiel, le salut des âmes. Il n'arrive pas souvent que l'intérêt des âmes et les intérêts secondaires soient opposés. Au contraire, le Seigneur l'a ainsi voulu, il ajoute à l'exécution du ministère pastoral le surcroît qui embrasse les préoccupations matérielles de la vie. *Quœrite primum regnum Dei.... et hœc omnia adjicentur vobis.* Seulement ne renversons pas l'ordre, que jamais l'accessoire ne devienne le principal, que le salut des âmes soit l'unique nécessaire.

Il faut ensuite prendre les moyens. Ils sont de deux sortes : ils sont humains, ils sont divins. Le pasteur doit prendre tous les moyens humains, car Dieu se sert toujours des causes secondes, sa grâce suit toujours la nature. Ces moyens pris, qu'il n'oublie pas qu'il n'a rien fait : il faut que la grâce de Dieu descende dans ces moyens et agisse par eux. Il travaille comme si tout dépendait de lui, et n'attend le succès que de Dieu seul. Rien de plus important que de bien se pénétrer de cette pensée.

La prudence signifie encore l'une des quatre vertus cardinales qui est la science pratique des hommes et des choses ; le secret de tout mener et de ne froisser rien. Cette vertu ne s'apprend bien que par l'expérience. Elle vient surtout de l'observation, de la réflexion et des conseils qu'il faut beaucoup demander, surtout dans la jeunesse.

Il est inutile de montrer plus au long que le pasteur doit être prudent en toutes ces manières. Les mondains nous donnent en ceci une grande leçon. Ils sont plus prudents pour leurs intérêts que les prêtres. Ils ramènent tout à un point, ils n'épargnent rien pour y arriver. Tous les pasteurs sont-ils ainsi pour leur ministère?

Quem constituit Dominus. — Le Seigneur gouverne tout. A chaque objet, à chaque homme il fixe une position et lui donne dans son infaillible sagesse les moyens de la bien occuper. On ne peut donc, sans être appelé d'en haut, s'introduire dans les saintes et délicates fonctions du ministère pastoral. Jésus-Christ lui-même, dit saint Paul, ne s'est pas clarifié au point d'oser s'établir en pontife, il a été appelé de Dieu. C'est donc Dieu lui-même qui fixe la vocation qui se traduit au-dedans et au-dehors par des marques particulières. Une fois que cette vocation est reconnue, il faut la constituer — *quem constituit* — dans son état parfait. Il faut que l'Église la régularise par les saints ordres, qu'elle lui donne cette sorte de paternelle autorité, de chaste fécondité, de sève catholique qui coule à pleins bords dans le sacerdoce de Jésus-Christ. Que le jeune aspirant médite bien ces paroles de saint Thomas d'Aquin : « Il ne faut confier le poids des saints ordres qu'à des murailles desséchées. » — Tant que les murs d'une maison récemment construite ne sont pas complétement secs, dit dans la même pensée saint Grégoire, « ils ont peine à supporter le poids de la toiture, et tout l'édifice peut facilement s'écrouler. » Après l'ordination vient la mission. On nous confie un troupeau. A Pierre, vicaire de l'amour de Jésus-Christ, est confié le troupeau universel; au jeune prêtre il faut un petit troupeau, c'est le représentant de Pierre qui le lui assigne, et par son évêque il croit à la mission de Dieu, et n'encourt jamais ce reproche et ce malheur : « *Cùm non misissem eos nihil profuerunt populo huic.* » Arrivé parmi le troupeau, il s'y établit. Le vœu de l'Église est qu'il y reste. Plus un pasteur est saint et reste dans une paroisse, plus il y peut faire de bien.

Super familiam suam. — Une paroisse est une famille : en voilà l'idée la plus belle et la plus juste. Mais une famille paternellement administrée : mais c'est la famille de

Dieu, pensée qui implique l'idée d'un amour respectueux : de là obligation de connaître, d'aimer, de gouverner sa paroisse comme on connaît, comme on aime, comme on gouverne une famille choisie.

Ut det illis.—Pour donner. Ce ne sont pas les enfants qui thésaurisent pour leurs parents ; ce sont les parents qui travaillent pour leurs enfants. Avant tout, le pasteur doit donner la grâce et la vérité. Le Seigneur, par bonté, a voulu que ce ministère lui apportât par surcroît les biens de la vie ; mais c'est une accessoire ; le principal est qu'il donne les biens spirituels. S'il le fait généreusement, Dieu viendra à son secours. Qui a espéré en Dieu et a été confondu? *Je n'ai jamais vu le juste abandonné du Seigneur.* L'abnégation, le désintéressement, sont aujourd'hui nécessaires plus que jamais. On ne défend pas une sage tenue de ses affaires temporelles, mais on condamne tout ce qui va au-delà. Rien n'est beau comme un pasteur qui, sans s'endetter, sait trouver le moyen de ne rien posséder au-delà du nécessaire, et qui, à la mort, se trouve sans charges comme sans argent. Dans un siècle si positif, beaucoup se persuadent que le ministère est une manière comme une autre de gagner. Pour eux, le pasteur fait un métier. Évitons en toute manière de confirmer cette idée. Puisque malheureusement on ne nous délivrera pas du casuel, traitons-le avec toute la douceur, la raison et la générosité convenable. Même humainement en ce cas, savoir perdre c'est souvent gagner. Ce point est le plus délicat et à coup sûr le plus important du ministère pastoral. *Ut det!*

In tempore. — Il y a un temps voulu, *tempus tacendi, tempus loquendi.* Il y a un temps fixé par les règles de l'Église, il faut le saisir avec empressement, et lorsqu'on parle, il y a un temps qu'il ne faut pas dépasser. Nous retrouverons l'occasion de traiter de l'obligation de parler et du temps qu'il faut y consacrer.

Tritici. — Le froment est l'image de la vraie doctrine qui nourrit les âmes. C'est le froment que le pasteur doit donner ; qu'il se garde de donner d'autres substances ou nuisibles, ou inutiles, ou futiles, mais la pure et vraie doctrine. Ne pas instruire ou ne pas le faire comme il faut est une faute.

Mensuram. — Il faut mesurer la parole, ne pas en trop donner à la fois. L'esprit de l'homme est naturellement borné, il ne peut recevoir beaucoup à la fois. Mais il l'est surtout pour les choses divines, il faut les lui administrer de telle sorte qu'il ne s'en perde pas une seule parcelle. Il faut aussi mesurer la parole à chacun, en tenant compte de ses aptitudes, de son âge, de ses besoins : *boni dispensatores multiformis gratiæ Dei.* Ceci n'exige pas de longs développements.

Telles sont, d'après les Pères et les pieux auteurs, les principales qualités que doit avoir le pasteur des âmes. Nous les avons recueillies de leurs écrits, les rattachant à cette phrase sacramentelle qui nous a semblé les résumer sans ordre, il est vrai, mais avec une grande vérité : le vrai et bon pasteur est *ce serviteur fidèle et prudent que le Seigneur a établi sur sa famille pour lui donner dans le temps la mesure de froment.* Il est remarquable que la sainte Église ait placé ces paroles dans les messes des Docteurs. C'est un résumé parfait de leur mission. Eux aussi, ils furent des serviteurs fidèles et prudents qui donnèrent en leur temps aux peuples la mesure de la bonne et pure doctrine.

Après avoir expliqué chaque mot en détail, si nous considérons leur ensemble, nous y verrons l'idée fondamentale du ministère pastoral. C'est une intendance, c'est une charge de confiance. La position de Joseph en Égypte en est une belle image. Dieu a une famille qui souffre la faim, à qui la doctrine est aussi nécessaire que le froment à qui est affamé. C'est le prêtre qui est chargé de l'entretenir, ce qui implique l'idée d'un service régulier et permanent ; et encore réduit à sa plus simple expression, ce ministère se résout à dire que le pasteur doit être l'*ami de Dieu* et l'*ami du peuple ;* c'est-à-dire que la charité c'est sa vertu par excellence. Il faudrait qu'au séminaire et pendant toute sa vie le prêtre, à chaque oraison, à chaque communion, demandât avec instance cette vertu nécessaire et en fît des actes fréquents. C'est le moyen facile et sûr de l'obtenir.

Enfin, pour achever de donner une idée de l'excellence du ministère pastoral, il faudrait rapporter les paroles des auteurs sacrés qui en ont parlé avec tant de respect et avec tant d'éloges. Ce travail serait facile : on les rencontre partout. Elles se rapportent à exalter le pasteur que Dieu honore ainsi ; à exposer ses vertus, ses charges, son influence sur le peuple ; à dire la gloire qui lui est réservée, etc., etc.

Concluons donc qu'il est excellent ce ministère et au point de vue purement humain, et par rapport à Jésus-Christ, et par rapport à l'Église, et parce qu'il est une forme régulière et constante de l'éloquence sacrée, et parce qu'il exige une admirable réunion des plus belles qualités et qu'il a été exalté par les éloges les plus précieux des saints auteurs.

Pour la pratique, on ne saurait trop recommander aux jeunes gens qui veulent s'y consacrer, d'en faire longtemps à l'avance l'objet de leurs plus chères affections et de leurs méditations les plus sérieuses. Ils doivent aussi travailler à acquérir les vertus et les qualités du pasteur. L'oraison, la sainte Messe, la visite au Saint-Sacrement, seront les sources où ils puiseront la vie pastorale, et une fois attachés à ce saint ministère, ils doivent penser souvent à leurs obligations et travailler plus que jamais à avancer dans les vertus qu'il exige. Sous ce rapport, le séminaire doit durer toute la vie. Il n'est malheureusement peut-être pas rare de voir des prêtres qui, une fois dans le monde, ne travaillent plus à leur perfection et qui abandonnent ainsi les armes au plus fort du combat.

Sa préparation.

Cette préparation est éloignée ou prochaine.

I. — PRÉPARATION ÉLOIGNÉE.

Celle-ci est à son tour divine et humaine, c'est-à-dire qu'elle embrasse les moyens naturels et surnaturels qui constituent, dans le pasteur, une habitude d'aptitude à prêcher comme il convient lorsque le moment en sera venu.

PRÉPARATION HUMAINE. — Ici se présentent et les sources où le prêtre doit puiser la doctrine et la conduite qu'il doit tenir pour honorer son ministère et en assurer le succès d'une manière éloignée.

Nous n'avons pas pour but de parler de l'étude en général. Sa nécessité, ses avantages, son intérêt, sont assez expliqués, sont assez connus. Si nous en traitons, c'est par rapport à la prédication, dont elle constitue la préparation éloignée. Un pasteur qui n'étudie pas est une nuée sans eau; un pasteur qui étudie est comme ces nuages dont il est dit dans l'Écriture : *si repletæ fuerint nubes, imbrem fundent super terram.*

Que faut-il étudier? le *cœur humain* d'abord, le cœur de ses paroissiens; c'est une connaissance indispensable à qui doit gouverner les hommes. On l'obtient en étudiant son propre cœur, comme le dit si bien l'Écriture : *Intellige quæ sunt proximè tui ex te ipso.* En connaissant ses paroissiens on connaît et leurs besoins et le moyen de leur parler utilement.

Il faut étudier l'*Écriture sainte* : *omnis Scriptura divinitus inspirata utilis est ad docendum, ad arguendum, ad corripiendum, ad erudiendum in justitia.* Saint Augustin dit que le succès dans la prédication est en rapport avec la connaissance de l'Écriture. *Sapienter autem dicit homo tanto magis vel minus quanto in scripturis sanctis magis minusve profecit. Non dico in eis multùm legendis memoriæque mandandis sed benè intelligendis.* (De doct. christ. lib. IV.) Cela se comprend. Le style de l'Écriture a une majesté, une onction, un charme, une vertu propres ; c'est *un marteau qui brise, un feu qui réchauffe, un glaive qui pénètre* jusqu'au secret du cœur. On connaît facilement celui qui s'en est nourri à l'onction de ses paroles. Chacune des expressions sacrées a une grâce particulière. L'Écriture nous offre les beautés oratoires et littéraires les plus admirables dans tous les genres : *nihil illorum quæ velut magna in scholis grammaticorum aut rhetorum didicimus illis divinis viris defuisse cognoscet, et multa reperiet locutionis genera tanti decoris quæ quidem et in nostrâ et maxime in suâ linguâ decora sunt, quorum nullum in eis quibus isti inflantur litteris inveniuntur.* (S. Aug. de doct. christ.) Il serait facile d'en tirer un traité de littérature. Le sublime des idées, la magnificence des images, des discours énergiques et pathétiques abondent dans les prophètes ; les livres historiques fournissent des traits édifiants et les plus heureuses allusions ; le lyrisme, les plus beaux sentiments du cœur humain étincellent dans les psaumes ; les règles de conduite, sous forme de sentences, sont dans les livres sapientiaux. Mais c'est l'Évangile surtout qui doit être le manuel du pasteur. Il y trouvera, c'est tout dire, les exemples et les paraboles de Jésus-Christ, qui ont une grâce et une vertu particulières ; il devrait s'attacher à les bien étudier, à en pénétrer le sens, et les donner dans l'occasion à son peuple. La parabole commande l'attention ; elle plaît ; elle est comprise, et puis elle est la parole de Jésus-Christ ! Quant aux Épîtres de saint Paul, elles sont un exposé magnifique de toute la religion. On ne peut rien en dire après ce que les Pères en ont dit; c'est, à notre avis, la source la plus féconde de prédication : les idées de l'apôtre peuvent s'adresser à tous, car leur grandeur est dans leur exposé le plus simple. C'est une beauté de fond calquée sur les plus généreuses vérités de la nature.

Pour profiter de l'Écriture, il faut la lire dans le calme, après l'oraison, après la messe par exemple, la lire avec respect : *epistola omnipotentis Dei ad creaturam suam,* dit saint Grégoire, la lire lentement, savourant chaque verset, et s'aidant des Pères qui l'ont si bien comprise; la lire en notant sur un cahier les principaux passages avec les réflexions qu'ils nous ont suggérées. Nous aimerions assez que l'on menât de front l'Ancien et le Nouveau Testament. Saint Augustin donne un admirable secret pour bien faire cette lecture : l'Ancien Testament, dit ce Père, avait des promesses temporelles et des significations spirituelles : *Vetus promissiones habebat temporales, sed significationes spirituales.* (Ser. IV.) C'était, poursuit-il, une promesse figurée, *promissio figurata*. Le Nouveau est la promesse entendue spirituellement, *est promissio spiritualiter intellecta*. Dans un autre livre, il dit ces paroles précieuses : *Si quid etiam in scripturis audiat quod carnaliter sonet, etiamsi non intelligat, credat tamen spirituale aliquid significari quod ad sanctos mores futuramque vitam pertineat. Hoc autem breviter discit ut quidquid audierit ex libris canonicis quod ad dilectionem æternitatis et veritatis et sanctitatis et ad dilectionem proximi referri non possit, figuratè dictum vel factum esse credat*. Telle est la pensée qui doit présider à toute lecture de l'Ecriture. Tout est figure, ombre dans l'Ancien Testament, tout s'y rapporte au Nouveau qui est pleine et parfaite réalité. On doit aussi se rappeler que l'Ecriture a plusieurs sens : le littéral, le spirituel; celui-ci découvre le sens caché sous la lettre, et y trouve des vérités, des règles de conduite et l'image des choses à venir. C'est une lecture bien négligée, il faut le reconnaître, que celle de la Bible; on l'omet bien facilement, et on la fait sans attention, sans piété et partant sans profit. Que les pasteurs veuillent y réfléchir! La Bible doit être leur aliment, leur consolation et leur bonheur. Ils doivent la convertir en un lait très pur et très nourrissant pour soutenir leurs peuples.

Pour s'en servir à propos, il faudrait en être tout pénétré comme l'était saint Bernard, par exemple. Le style de ce saint docteur est tout parfumé de réminiscences et citations bibliques. Si on n'a pas comme lui fusionné sa parole avec la parole sacrée, on ne doit pas du moins négliger d'employer parfois celle-ci, et, quand on s'en sert, il faut se baser, tant que possible, sur les sens de l'Église; si on se permet quelque interprétation accommodante, il faut éviter le subtil, l'extraordinaire, le faux; il faut surtout bien expliquer aux fidèles ce qu'est l'Écriture. Nous avons toujours pensé qu'on pouvait leur en parler avec grand profit (1). On ne doit pas faire une allusion à quelque trait de la Bible sans l'avoir expliqué. Si on cite une parole, il faut la citer lentement, avec goût, poids et autorité, la répéter plusieurs

(1) Voir à la fin un essai de discours sur ce sujet. A.

fois; c'est la meilleure manière de la bien faire comprendre. On peut citer parfois le latin, à condition que de suite avant ou de suite après viendra la traduction. Le latin, si on n'en abuse pas, s'il ne paraît que rarement, frappe toujours les gens des campagnes. Il faudrait enfin ne pas couvrir son discours de textes trop nombreux; mieux vaudrait n'en mettre qu'un ou deux, mais bien développés (1), bien fondés, bien encadrés dans le texte. Ce qui ne tombe pas sous les règles, mais ce qui est si nécessaire au pasteur, c'est ce je ne sais quoi qui caractérise si bien une parole trempée au feu des Écritures.

Le Droit exige en plusieurs endroits la connaissance des Écritures. Le canon 9, *si juxta*, va jusqu'à dire que celui qui ne connaît pas l'Écriture ne connaît pas Jésus-Christ.

Il faut étudier les *Pères de l'Église*. Leurs immortels écrits sont un héritage précieux où se trouvent et la connaissance du cœur humain et l'explication des Écritures la

(1) Voir à la fin B.

plus sûre et la plus belle, et la doctrine la plus solide et les beautés littéraires les plus chrétiennes et les plus incontestables. On connaît les Pères grecs et les Pères latins. Saint Chrysostôme, saint Grégoire de Naziance, saint Augustin, saint Léon, saint Grégoire, saint Jérôme, saint Bernard sont des sources précieuses. Il vaudrait mieux se borner à un ou deux Pères et les bien étudier, quoiqu'il ne soit pas défendu d'en réunir les principaux et de les consulter par occasion au moyen de l'index qui est ajouté à leurs éditions. Les écrits des Pères, disons-nous, sont notre patrimoine, nous pouvons en user à notre gré. Nous pouvons prendre leurs discours, leurs idées, leurs mots. Tout est à nous; nous pouvons travailler sur ce fond pourvu que tout soit profitable au peuple. C'est souvent telle pensée, telle comparaison d'un Père, qui, bien expliquée, frappe surtout dans un discours. Les Pères, comme les rayons du soleil, peuvent pénétrer partout, jusque dans les plus humbles auditoires.

Il faut étudier la *théologie*. Sans doute la théologie est dans la Bible et dans les Pères, mais, en tant que science proprement dite, le prêtre doit en faire une étude spéciale. C'est sa science à lui. C'est elle qui traite de Dieu, de l'homme et de leurs rapports. Sans théologie, le pasteur fera mal. Il ne prouvera pas bien ce qu'il voudra prouver. Il confondra peut-être les bornes du dogme et des vérités et des opinions. Il sera trop sévère, trop relâché. Mais dans tous les cas, il n'aura rien de clair, rien de précis; il en sera toujours à des généralités qui n'apprendront rien et dont il se fera un triste cercle, où le ramènera forcément une inexorable routine. Il faut être tout-à-fait instruit pour faire un discours clair et substantiel et utile. Pour enseigner les choses avec précision et netteté, il faut les savoir à fond.

La meilleure manière d'étudier la théologie quant au temps, est d'en étudier tous les jours un certain nombre de pages. Quant à la méthode, la théologie étant une science de principes et d'application, nous voudrions que tout pasteur la possédât dans son ensemble et divisée en traités; que chaque traité fût un tout harmonique, dont il eût présents toujours les principaux points de vue, lesquels lui présenteraient, au bout d'un moment de réflexion, les détails intermédiaires. Ce serait là le canevas, le plan général. Mettons rapidement ce tableau, cette charpente de la science théologique que devrait avoir clairement dans sa tête tout pasteur.

La théologie c'est la *science de Dieu révélant à l'homme, par son Église, qu'il existe en trois personnes dont la deuxième s'est incarnée pour lui mériter la grâce qui lui est distribuée par les sacrements, afin qu'il dirige ses actions suivant la loi, évite le péché, pratique la vertu et arrive à la vie éternelle.*

Cette phrase renferme toute la théologie. On y voit :

1. *Traité de Dieu.* — Dieu existe : l'idée d'un être nécessaire, l'existence du mouvement; les phénomènes du monde physique; cet élan universel de l'intelligence qui des réalités terrestres s'élance et bondit jusqu'à un premier principe, tout le prouve. Tous les philosophes en sont d'accord : Moïse, Platon, Aristote, saint Augustin, saint Tho-

mas, etc... (Voir la magnifique Théodicée de M. Gratry, qui est un prélude admirable à la Théologie.) — Dieu est, c'est un acte pur, tout ce qui est perfection est en lui. Il est un, immuable, immense, simple, libre, tout-puissant. Il a créé par sa bonté le monde et le gouverne dans sa sagesse par une Providence infinie. Tout ce qui est vient de lui. Le mal est un abus qu'a fait la créature de la liberté accordée par le Créateur.

2. *Traité de l'homme.* — *Limo jugasti spiritum.* Les œuvres de Dieu sont admirables. Au fond, c'est la matière brute; dans le haut c'est l'ange, pur esprit. Mais entre la matière et l'ange, il y a un être intermédiaire qu'on appelle l'homme, l'*horizon de l'univers*. Ainsi tout s'enchaîne: les anges et leurs 9 chœurs, l'homme, le règne animal, végétal et minéral, tout est quelque chose à l'homme. La connaissance du corps humain dans ses parties et ses fonctions est la *physiologie*. L'étude complète de chacune de ces parties est l'*anatomie*. *Mens agitat molem.* Mais c'est l'âme qui régit le corps et constitue l'homme. Elle est spirituelle car elle pense. Elle

est immortelle car elle est spirituelle. C'est un principe intelligent et aimant, c'est son action immanente et incessante. Voilà l'homme. Ce n'est ni une brute ni un Dieu.

3. *Traité de la révélation.* — Entre Dieu et l'homme il y a société : société naturelle par la raison. La raison voit le monde, du monde elle s'élève aux lois universelles, mathématiques et abstraites qui le régissent, et de là à l'existence de l'architecte suprême. C'est là une vue indirecte, comme celle de l'homme qui voyant les rayons du soleil frapper une plaine conclut à la source de la lumière. Mais cet être premier, qu'est-il dans son essence? C'est là que s'arrête la raison. Ou elle ne connaîtra pas Dieu en lui-même, ou il faudra que Dieu se découvre à elle tel qu'il est en lui-même, mais c'est faire participer la raison à l'être même de Dieu, c'est la diviniser. Cela s'est-il fait? Outre la société naturelle, y a-t-il entre Dieu et l'homme société surnaturelle? Dieu s'est-il révélé à l'homme? Oui. Et c'est un fait. C'est un fait écrit comme tous les autres faits dont personne ne doute dans des livres dont l'auto-

rité est inattaquable, appuyé sur des faits surnaturels eux-mêmes et dont la croyance est chez toutes les sectes chrétiennes. Aube blanchissante aux temps des patriarches, lumière accrue sous la loi de Moïse, cette révélation est arrivée par Jésus-Christ à son midi éternel. Société domestique elle est devenue société nationale, et enfin société universelle. Loin d'abaisser la raison, cette révélation la divinise, et la foi, épreuve d'un temps, n'est que le prélude à la claire vision de la gloire.

4. *Traité de l'Église.* — Mais parmi les sectes qui disent suivre Jésus-Christ, laquelle est la vraie? Dieu voulant que tous arrivent à la vérité patrimoine de tous, la vérité étant une, étant simple, universelle, et plus ancienne que tout, la secte qui aura cette vérité surnaturelle du Seigneur doit être une — sainte — catholique et apostolique. Les sectes protestantes n'ont évidemment pas ces marques. Les Grecs en sont privés. Reste donc l'Église romaine qui les possède admirablement. L'Église est trouvée, tout est trouvé. C'est un corps à qui Jésus-Christ a

dit : *Allez, enseignez toutes les nations, je suis avec vous jusqu'à la fin des siècles ; qui vous écoute m'écoute.* Mais cette Église est bâtie sur Pierre, qui en est la pierre inébranlable. Tout est donné à Pierre et par Pierre à l'Église. « *Ecclesia universalis non potest errare,* dit saint Thomas, *quia ille qui in omnibus exauditur pro suâ reverentiâ, dixit Petro : ego rogavi,* etc. » (D. Th. III. p. 9. 25. art. 1.) Le fondement d'un édifice éternel doit être éternel, et nous aurons toujours un Pierre. Pierre sera toujours dans ses successeurs, et par eux donnera toujours la vérité. Voilà le chef. Autour se groupent les membres. Chaque évêque sera un représentant du souverain Pontife. Chaque évêque enverra ses prêtres et ainsi se fera *l'œuvre des saints*, le grand *travail du ministère.* L'autorité de l'Église est un grand compendium. Il suffit de savoir et de croire ce qu'elle enseigne. Ici se place le traité de la foi, enseignée par l'Église, expliquée par les docteurs, attaquée par les hérésies, crue par les fidèles, et dont le symbole est l'objet.

5. *Trinité.* — Nous avons déjà considéré

Dieu, mais c'était au point de vue de la raison. Voyons-le maintenant par la foi. Dieu est un dans sa nature, il est, mais il est en trois personnes, le Père, le Fils, le Saint-Esprit. Ces personnes ont des relations entr'elles, elles sont distinctes, elles sont égales; le Fils est engendré, il est envoyé par le Père; du Père et du Fils procède le Saint-Esprit, il est envoyé par eux. Cette Trinité est l'action *ad intrà.* Elle a aussi ses actions *ad extrà :* la création, la rédemption, et la sanctification du monde. Voilà le dogme fondamental, la clef de tout. Ont grossièrement erré ceux qui n'écoutant pas l'Église ont séparé la substance ou confondu les personnes. Partout il y a un vestige de la Trinité.

6. *Incarnation.* — Lucifer abusant de sa liberté, se révolta contre Dieu et l'ordre; il fit tomber le chef du genre humain dont les enfants par la solidarité partagèrent la faute et le châtiment. Emu de compassion, le fils de Dieu s'offrit à expier notre péché. Son offre fut acceptée, et après quatre mille ans de préparation, d'attente, de maux et de

misères, il naquit. C'est là le dogme de l'Incarnation, l'union de la nature divine et humaine dans la seule personne du Verbe de Dieu, d'où résulte le Christ. Vérité capitale. Adam perd tous les hommes, Jésus-Christ les sauve tous. Mais pour être sauvé par le Christ, il faut le connaître. Ne le connaît pas qui ne met en lui qu'une seule nature, qu'une seule volonté ou qui lui donne deux personnes. Vérité capitale et touchante, qui montre le fils de Dieu se faisant semblable à nous parce qu'il nous aimait. Sa vie fut glorieuse et humble, ses bassesses furent glorieuses comme ses opérations théaudriques. Couronnant son œuvre, il mourut pour nous sur la croix et paya la rançon du monde. On considère ensuite Jésus-Christ, centre de ce grand mystère, ses titres, sa vie, son sacrifice, ses mérites, le culte qui lui est dû. On ramène tout à lui, et on voit que tout est pour lui, *omnia in ipso constant.* A côté de Jésus-Christ se présente Marie, Marie qui, toujours vierge, nous a donné Jésus-Christ, *de quâ natus est Jesus.* C'est la loi, tout don est dans Jésus-Christ; Marie l'ayant donné, tout don vient aussi de Marie. *Sa charité*, dit Bossuet, *est un instrument général des opérations de la grâce*. Admirable et tendre mère qu'on ne peut ni trop louer ni trop aimer. Elle est à la crèche, elle est à la croix, et quand Jésus-Christ est mort, elle est faite la mère de tous les fidèles. Toute la religion, tout le passé, tout l'avenir est dans cette généreuse vérité de Jésus et de Marie sauvant le monde.

7. *Grâce*. — De Jésus-Christ sort la grâce, don surnaturel que Dieu accorde à l'homme en vertu des miracles de son fils, Notre Seigneur, pour obtenir la vie éternelle. Elle est gratuite. Elle est nécessaire pour restaurer l'homme, pour connaître la vérité surnaturelle, pour faire le bien surnaturel, pour persévérer finalement. Elle est quelquefois sans effet dans l'homme. Souvent elle est efficace. Elle produit la justification, le mérite et la vie éternelle. C'est la vie de Dieu dans l'âme.

8. La grâce donnée par les *sacrements*. Pour cette importante partie de la théologie, on pourrait établir une division très simple

et très juste. Soit qu'on considère les sacrements en général ou chacun en particulier, on peut en dire : la nature, l'existence et la nécessité ; — ensuite les causes, c'est-à-dire qui les a établis, qui en est le ministre, quelles en sont les causes matérielles, c'est-à-dire la matière et la forme, enfin quel en est le sujet, c'est-à-dire qui peut les recevoir et quels en sont les effets. Cette division constante peut être adoptée pour chaque sacrement en particulier. Pour l'Eucharistie, en tant que sacrifice, il faudrait y ajouter : Qu'est-ce qu'un sacrifice? La messe est un sacrifice offert par Jésus-Christ dans la personne du prêtre et produisant les quatre grands effets d'adoration, de remercîment, d'impétration et de propitiation. Il faudrait ramener aux sacrements toutes les harmonies qu'ils trouvent dans le symbolisme et les cérémonies. Ils forment le culte et sont les liens de l'unité de l'Église. Il faut aussi leur réunir les sacramentaux qui en sont la pénombre.

Les sacrements donnent la grâce qui est la vie; toute vie est mouvement, l'homme se meut. Il peut se mouvoir vers le bien et vers le mal; son activité est accélérée vers le bien par la grâce. Reste donc à traiter des actions humaines : c'est la théologie morale qui se divise en morale proprement dite et en casuistique, c'est-à-dire science de la solution des cas particuliers, tandis que la morale est la science des règles de conduite.

9. *Actes humains.*—L'acte humain est celui qui est fait avec connaissance, attention et liberté. Les principes extérieurs sont : le *bien*, tout homme agit parce qu'il voit dans l'acte quelque chose qui lui convient et qu'il juge bien ; la *fin* qui est ce pour quoi on agit et la *béatitude* qui est fin, repos et perfection. Le bien existe, je le vois, je vais vers lui, je l'obtiens, voilà la morale. La béatitude objective est Dieu; cette béatitude sera parfaite par la vision intuitive quant à l'âme, et par la résurrection quant au corps. Dogme admirable, d'où sort tout le surnaturel de nos actions. — Ses principes intérieurs sont l'*intelligence* ou vue spéculative, *le volontaire,* c'est-à-dire ce qui se fait avec connaissance de la part de l'intelligence et propension de la part de la volonté; la *li-*

berté ou connaissance, propension et choix. Voilà l'activité humaine, qui peut agir surnaturellement pour Dieu ou moralement simplement, ou d'une manière animale et coupable.

10. *Conscience.* — S'ils ont des principes, les actes humains ont aussi des règles. Leur règle intérieure est la conscience, jugement pratique de l'intelligence qui prononce que telle action est permise ou défendue. Il y a la conscience vraie, fausse, certaine, douteuse. Ici se présente la théologie du milieu ou probabilisme. (Voir M. Blanc. Introd. à l'hist. ecclés., sect. v.)

11. Leur règle extérieure c'est la *loi,* c'est-à-dire *précepte* commun, juste, stable, émanant du pouvoir et obligeant après suffisante promulgation. Après avoir examiné l'obligation des lois, l'objet sur lequel elles peuvent rouler, ceux qu'elles obligent, comment elles cessent; on considère les différentes lois : la loi naturelle ou l'ensemble des devoirs qui découlent de l'essence des choses; le droit divin positif qui est celui que Dieu a librement établi; le droit canon

qui est l'ensemble des lois confirmées par l'autorité du Pape et qui dirigent les fidèles vers la fin propre de l'Église.

12. Le *Décalogue* est la principale loi. Il y a dix commandements de Dieu. Trois regardent le Seigneur, sept le prochain. Ces sept considèrent les pères et mères ou l'autorité, ils sauvegardent la morale, la vie de l'homme et ses biens. Ils sont tout ordre et toute paix. C'est la partie la plus intéressante. On y rattache la justice, vertu qui fait rendre à chacun ce qui lui est dû strictement. Son objet est le droit. Qui peut avoir un droit? — Sur quoi l'a-t-on? — Comment l'acquérir? — Le droit est violé par l'injustice et se répare par la restitution considérée soit en général dans ceux qui doivent la faire, dans quel ordre et quelle quantité, soit en particulier quant aux biens du corps, de l'âme, de la réputation et de la fortune. Le traité des contrats est une des faces de celui de la justice. Le contrat est l'accord de plusieurs volontés sur un point et portant obligation. Qui peut contracter? sur quelles matières, de quelle manière le fait-on? quelle est l'o-

bligation du contrat? Voilà les questions générales qui ouvrent ce traité. Ensuite on considère en particulier les contrats : contrats onéreux, gratuits, etc., etc.

13. *Commandements de l'Église.* — Ils sont liés à ceux du Seigneur. — Ici se présentent les censures ou peines spirituelles infligées aux désobéissants et les *irrégularités* qui sont une incapacité, un empêchement canonique. Elles se rattachent au droit canonique.

14. *Vertu.* — L'habitude du bien s'appelle vertu. Les vertus qui regardent Dieu s'appellent *théologales.* Il y a les quatre vertus principales de l'ordre moral ou *cardinales :* la justice, la force, la prudence et la tempérance. Les autres sont vertus morales.

15. *Péché.* — La désobéissance à la loi, s'appelle péché. C'est le mal moral. Il y a le péché d'origine, le péché actuel qui s'il est en matière grave devient mortel, c'est-à-dire qu'il tue l'âme en lui faisant perdre la grâce de Dieu, et le véniel qui n'est pas en chose grave. Le péché souille l'âme, la rend digne de l'enfer, lieu terrible dont les peines sont éternelles. Le purgatoire expie les fautes vé-

nielles et achève de faire payer les peines temporelles qui, outre la peine éternelle, frappent tout péché.

Qu'on veuille bien pardonner ce rapide coup-d'œil si incomplet sur la théologie. C'est un cadre à peu près pareil que devrait posséder tout pasteur. Qu'on nous permette de l'ajouter, nous voudrions que l'on y rattachât, par voie d'explication, d'analogie, d'éclaircissement, toutes les autres sciences, et qu'on y ajoutât un traité de liturgie, car la liturgie est l'expression la plus élevée et la plus populaire de la théologie.

Ce cadre étant bien su, il ne faudrait pas s'en tenir là, il faudrait étudier encore et toujours, et plus en grand. Ici, on le devine, oui, il faudrait prendre saint Thomas ; tout y est. « *Saint Thomas d'Aquin,* disait Génébrand, arch. d'Aix, XVIe siècle, *était docte à merveille et plutôt un miracle de la grâce divine que de nature ou de travail et étude acquise.* » Dans sa Somme contre les Gentils, ce grand docteur conduit la raison à la foi. Dans sa Somme théologique, c'est la foi cherchant la raison. Saint Thomas y résume, pénètre, ordonne, compare et explique, prouve et justifie par la tradition, par la raison et par la science, les articles de la foi catholique dans leurs derniers détails avec une précision, une lumière, un bonheur, une force qui poussent sur presque toute question le vrai jusqu'au sublime. C'est le docteur œcuménique. Il faudrait rattacher chaque lecture que l'on fait à la reine des sciences; il y a de la théologie partout. Pasteurs, aimez la théologie; plus vous l'étudierez sur la terre, plus vous la goûterez dans le ciel.

Comment s'en servir? Il faut la mettre au fond de tout discours; mais ne pas en faire un étalage scientifique et ridicule. Il faudrait imiter M. Arago qui chantait et popularisait l'astronomie.

Il faut étudier l'histoire ecclésiastique : étude intéressante, qui est un cours complet de théologie. Dans l'Église, tout dogme est fait, tout fait est dogmatique. Quel beau travail à faire sur cette matière!

Le pasteur y trouvera l'*action de Dieu,* les *mœurs des anciens chrétiens*, des *exemples touchants* et la *vie des saints*, qui en est le suc le plus pur. Pour bien en profiter, il faut choisir *un trait — intéressant —* qui puisse être compris, — *qui soit clair, qui s'applique* bien aux auditeurs. L'important est de le bien raconter.

Il faut étudier la vie spirituelle. — La vie spirituelle consiste à passer du péché à l'état de grâce, à s'affermir et grandir dans cet état. Il y a des lois pour cette vie comme il y a des lois pour la vie corporelle. C'est la connaissance de ces lois qu'on appelle la science de la vie spirituelle. Avouons-le, parce que c'est la vérité, c'est cette science qui manque aujourd'hui. On sait les dogmes, les cas de conscience, mais la science des saints, qui la possède? Sont-ils nombreux ceux qui savent prendre les âmes, les guérir peu à peu de leurs vices, les fortifier sagement, les faire croître en vertus; qui savent les faire profiter des sacrements, correspondre à la grâce et leur faire suivre entièrement les voies de Dieu sur elles? Ajoutons-le, on n'apprécie pas cette science, on se vante de n'être pas mystique. Vous n'êtes pas mystique, mon frère, prenez garde, dès lors vous ne savez pas guider les âmes ; vous vous accusez vous-même. Aussi les discours que l'on fait au peuple n'ont sous ce rapport aucune utilité. Ils n'ont aucun trait à l'avancement de l'âme. C'est un malheur auquel il faut porter un prompt reméde.

On devrait dès le séminaire se faire pour soi un résumé clair et complet des règles de la vie spirituelle, les réunir dans un ensemble parfait, afin de les posséder comme on possède un traité de théologie. Outre les œuvres de sainte Thérèse, de saint François de Sales, etc., nous recommandons Rodriguez et surtout les œuvres diverses du R. P. saint Jude, l'un des plus complets et des plus intéressants dans cette partie, sans compter une foule de petits traités particuliers, qui seront tous d'une utilité réelle. Mais pour profiter comme il convient d'une pareille étude, remarquons qu'on doit la faire avec esprit intérieur et surtout pratiquer ce qu'on lit : c'est le meilleur moyen de le parfaitement goûter. Cela veut dire qu'un travail semblable doit être le résultat des lectures spirituelles, qui sont un des moyens les plus efficaces pour apprendre les voies de Dieu. Pour diriger avec fruit les lectures spirituelles, il y a une méthode comme pour diriger l'oraison.

La conclusion pratique de ce paragraphe est facile à tirer : il faut que le prêtre étudie. L'étude, disons-le, après saint François de Sales, l'étude est « *le huitième sacrement de la hiérarchie ecclésiastique.* » Elle est d'une rigoureuse, d'une indispensable nécessité : elle est de nécessité de moyen ; quand il s'agit d'instruire, rien ne peut la remplacer. C'est elle qui occupe l'âme du pasteur et console sa solitude : que les livres soient sa joie en ce monde et, après le bien des âmes, son unique occupation. Pourquoi la voit-on si négligée? Et puis, ce n'est pas le tout de travailler, il faut travailler avec méthode. La méthode double le résultat et diminue la peine de moitié. En parcourant les sources de prédication que nous indiquons plus haut, on a dû penser qu'il était impossible de les fréquenter : c'est une erreur. Par la méthode, on le peut et on le peut facilement ; mais, pour cela, il faut une vie réglée pour les instants libres que laisse le ministère, et la plupart, le plus grand nombre des pasteurs, en ont beaucoup. La régularité c'est la sauvegarde de tout : avec elle on fait bien, on fait sans préoccupation ce que l'on doit faire, on prend ses heures de travail et, dans ces heures, on place son travail que la méthode distribue ensuite elle-même. Le droit canon exige l'étude dans les prêtres (Can. *Si in laïcis*. 3. D. 38. — *Illitteratos*. 1. d. 36. *sacerdotes*. — *Quare sac*. — *Quæ ipsis*. — *Ignorantia*); le nom du prêtre et le nom de l'étude doivent se confondre. Aujourd'hui surtout, il faut de l'étude.

Après avoir insisté sur les sources de doctrine où le prêtre doit puiser et sur l'étude qui seule peut l'y faire puiser, il faut parler d'une autre espèce de préparation éloignée que nous appellerions volontiers préparation morale. Avec cette vie d'étude qui, d'une manière reculée, converge vers la parole, le prêtre doit mener une vie si régulière et exemplaire qu'elle soit comme une prédication perpétuelle, comme un parfum de vertu et de sainteté qui prépare la persuasion et fait comme entr'ouvrir la porte des cœurs.

L'antiquité demandait de l'orateur qu'il fût *vir bonus*, sera-ce trop exiger du prêtre que de vouloir qu'il soit aussi *vir bonus?* Qu'il ait d'abord au moins l'honnêteté, la loyauté des gens du monde; mais ce n'est pas assez, qu'il y ajoute celle dont parle l'Église à l'office des confesseurs : *honestum fecit illum Deus,* la même dont parlait l'écrivain sacré qui écrivait à un pasteur de se montrer *operarium inconfusibilem.* Oui, il faudrait que tout pasteur fût tellement saint qu'il devînt impossible de le faire tomber en confusion, car c'est là l'énergie du mot *inconfusibilem.* Or, pour cela, il n'y a qu'un moyen : c'est qu'il suive exactement les devoirs de son état, les obligations qui lui sont communes avec tous les fidèles et les règles particulières à son corps. La sainteté n'est que là; le reste est un danger et une pure illusion. *Beatus vir qui timet Dominum, in mandatis ejus cupit nimis.* Voilà l'esprit catholique, l'esprit sacerdotal. C'est à l'homme qui en est animé que sont promises les victoires : *vir obediens loquetur victorias.* Nous parlions naguère de l'étude et de la méthode.

Pour en bien profiter, disons-le ici, la meilleure manière de bien étudier, c'est d'étudier avec un cœur pur, c'est de purifier sa volonté. C'était le procédé de Socrate ; il doit être celui des prêtres. Quand l'âme est pure, la vérité l'envahit tout entière, on la prêche ensuite avec joie, avec enthousiasme ; mais celui qui n'aurait pas cette sainteté de vie, celui à qui on pourrait faire des reproches, que voulez-vous qu'il fasse ? Dieu lui demande pourquoi il ose raconter ses justices ; ses auditeurs lui renvoient tous ses traits. S'il paraît enflammé, son embrâsement est factice. Disons-le encore, le grand moyen d'agir dans le ministère c'est la charité, c'est la sainteté. « *Si les prédicateurs convertissent si peu* » *de monde,* dit sainte Thérèse, *c'est parce* » *qu'ils n'ont point assez de ce grand feu d'a-* » *mour de Dieu qu'ont eu les apôtres.* »

Il faut donc éviter tout ce qui, dans nos paroles, notre personne, dans notre maison, dans notre entourage, pourrait scandaliser et aurait l'apparence du mal, et même ce qui, sans avoir l'apparence du mal, pourrait altérer la bonne idée qu'on aurait du prêtre sans cela : par exemple aller trop souvent dans des repas. Il faut aussi fuir en chaire les reproches trop amers, les invectives fougueuses, les apostrophes virulentes ; enfin, il faut nous appliquer toujours les vérités que nous allons prêcher, les pratiquer d'avance, c'est ce qu'un pieux personnage appelait *faire son sermon;* suivre une vie de zèle quant à la confession, à l'oraison, au chapelet, à la visite au Saint-Sacrement et travailler sérieusement à l'avancement de notre âme. C'est là une puissante préparation éloignée. Elle produirait sur la paroisse des effets étonnants.

Quand nous parlons de la nécessité de l'exemple, nous n'entendons pas seulement exclure les excès et les fautes ouvertes de conduite. Évidemment, c'est un grand obstacle à la prédication : *Laqueus ruinæ populi mei sacerdotes mali*, dit le prophète. *Nemo amplius in ecclesiâ nocet quàm qui perversè agens nomen vel ordinem sanctum habet,* dit le Pastoral. Nous parlons d'une vie sainte, régulière et édifiante. Rien ne se rencontre plus souvent dans les auteurs que cette vérité. *Qui loci sui necessitate exigitur summa dicere, hâc eâdem necessitate compellitur summa monstrare.* (Part. c. III.) *Tunc verè aliis recta prædicamus si dicta rebus ostendimus.* (S. Greg. h. in. Ev. XVII.) *In te omnium oculi diriguntur,* écrivait saint Jérôme à un pasteur, *quidquid feceris id omnes faciendum putant.* (Saint Aug. de Doct. Christ. lib. IV.) *Habet quantâcumque granditate dictionis majus pondus vita dicentis.* (Saint Bernard.) *Dabis voci tuæ vocem virtutis, si quod suades, prius tibi illud persuasisse cognosceris : validior operis quàm oris vox.* (in cantic.) *Oui,* dit le P. Grenade, *pour gagner les âmes et les convertir à Dieu, rien n'a tant de force que la bonne vie de ceux qui les enseignent... Rien ne persuade tant que l'exemple et la vie sainte d'un prédicateur...* On pourrait citer une foule d'autres témoignages. Tout prêtre doit en conclure qu'il manque gravement à son ministère si sa conduite n'est qu'humainement honnête; si, par exemple, il vit sans étude, sans exercice de piété, dans une habitude constante d'oisiveté, ou de jeux, ou de courses, ou d'occupations futiles.

La nécessité d'un règlement est la conséquence pratique de tout ce que nous avons dit sur la préparation morale. Il faut de l'ordre partout. Il en faut principalement chez le prêtre. Sans ordre, il ne pourra pas remplir ses obligations si multipliées, et avec l'ordre il aura du temps pour tout et fera sans trouble chaque action en son temps : *Omnia honestè et secundum ordinem*. Le règlement que tout prêtre doit se tracer embrasse ses obligations comme chrétien et comme prêtre.

Comme chrétien, *christianus sibi*, sa journée est consacrée le matin par l'*oraison*, l'exercice spirituel par excellence; le soir par la *visite au Saint-Sacrement*, où il fait l'examen particulier, c'est-à-dire un retour sur soi-même pour acquérir telle ou telle vertu, fuir tel ou tel vice. Entre ces deux extrémités du jour se placent : l'*étude*, qu'il peut varier à son gré; la *lecture spirituelle*, le *bréviaire*, l'obligation la plus douce du saint ministère; le *chapelet*, la *récréation* et *autres* occupations. Tous les quinze jours au moins il purifie son âme dans le sacrement de pénitence. Chaque mois il se recueille dans une retraite d'un jour. Tous les ans il se renouvelle dans l'esprit de sa vocation par une retraite plus longue.

Comme prêtre, *sacerdos aliis*, il a des devoirs envers son peuple, à qui il doit exemple, prières, instruction, sacrements, résidence et amour. Ses dévotions principales doivent être : au *très Saint Sacrement*, à la *sainte Vierge*, aux *âmes du purgatoire*, aux *pauvres*. L'esprit de son ministère doit être un esprit de *Foi*, — de *Pénitence*, — de *Zèle*, — de *Prière*, — d'*Humilité*. Pour ne pas perdre ses dévotions, pour ne pas négliger cet esprit principal, il fera très bien de revenir à son examen particulier sur chacun de ces points successivement, et sur l'*amour-propre*, sur l'*égalité d'âme*, sur la *netteté de conscience*, sur la *piété et les exercices qui en sont la vie*, sur la *manière dont il remplit ses devoirs*, etc. Envers son presbytère, il doit le faire respecter, 1° par ses parents ; 2° par les domestiques ; 3° par les étrangers. Comme membre d'un corps, il doit respect, amour et obéissance à toutes les lois de ses supérieurs, *obedite præpositis vestris et subjacete eis.* Il doit aimer, vénérer, visiter et accueillir ses confrères. Tels sont les points fondamentaux sur lesquels doit rouler toute vie sacerdotale, telles les lois qui en constituent la beauté et l'harmonie, et seules en assurent le succès. *Dies pleni invenientur in eis.* (Psal.)

Préparation divine. — Mais l'étude, mais la vie réglée, ce n'est pas tout. Ce sont des moyens humains de préparation. Il y a aussi des moyens divins de préparation éloignée. C'est ici la partie importante de notre traité. C'est l'âme, c'est la force, c'est la vie du ministère pastoral. Vous voulez convertir des âmes, c'est du surnaturel que vous voulez; sachez-le, vous ne l'obtiendrez que par le secours du Seigneur. Sans lui vous ne produirez rien. S'il n'y met la main, c'est inutilement que vous voudrez travailler. Il est donc de toute rigueur de bien connaître les moyens généraux d'attirer sur tout votre ministère ces grâces qui vous en obtiendront l'heureux succès dans la prédication. Ces moyens, les voici :

En premier lieu nous plaçons l'oraison. Nous ne parlons pas seulement de la prière privée et de la prière liturgique du Bréviaire, nous parlons de l'oraison proprement dite : mais nous n'en parlons que comme préparation de la prédication. L'oraison est un saint commerce avec Dieu, une douce union avec lui, c'est la vie de l'âme, c'est son alimentation. C'est par elle que l'on médite à la lumière d'en haut un sujet religieux, on s'en pénètre jusqu'au fond de l'être, et la volonté étant saintement enflammée, on se porte avec joie à la sainte pratique du bien. Elle illumine l'intelligence, purifie l'amour, facilite la méditation et donne dans de chastes délices la sensation totale de la vérité : *et plenitudine contemplationis,* dit saint Thomas, *derivatur prœdicatio.* Oui, voilà la véritable prédication, celle qui est faite par une âme dont la vérité a remué l'intelligence et transporté l'amour. Le P. Lejeune avait raison de répéter sans cesse : le premier avis que je vous donne pour bien prêcher, c'est de bien prier. L'oraison est encore nécessaire pour bien composer, elle nous attire la lumière de

Dieu ; nécessaire pour bien débiter, c'est elle qui creuse l'homme et lui fait rendre de ces accents sonores qui viennent de l'éternité. Il y a dans la parole d'un homme de Dieu une expression incomparable.

Nous plaçons ensuite la sainte messe. La messe est le levier le plus puissant pour remuer les paroisses. Il y a toute grâce, puisqu'il y a Jésus-Christ et que Jésus-Christ est à la disposition du prêtre. Oui, nous le croyons, si tous les jours le pasteur à la messe demandait le salut de ses paroissiens, les lumières, les grâces pour bien les conduire par une bonne administration de la parole, il serait infailliblement exaucé, et nul ne peut dire de quels succès il serait redevable au saint sacrifice dans ses instructions habituelles. S'il se faisait tous les jours comme le cœur de la contrée et qu'il adorât Dieu par Jésus-Christ pour toute la paroisse, que par lui il demandât pardon pour tous les péchés qui y sont commis ; s'il demandait pour tous les habitants les grâces nécessaires, en remerciant pour celles qu'ils ont déjà obtenues, en vérité il préparerait toutes les voies au triomphe de la sainte parole. Oui, la messe est le grand moyen de renouveler les paroisses et d'appuyer le ministère pastoral.

Plaçons aussi la visite au Saint-Sacrement. « *On obtient plus de conversions en priant Dieu sur le marchepied de l'autel qu'en prononçant en chaire les plus beaux morceaux,* » dit saint François Xavier. « *La préparation faite auprès du Saint-Sacrement a grande force,* dit Grenade, *et je le crois,* ajoute saint François de Sales. » Si après une oraison fervente et une digne célébration de la sainte messe, le pasteur, au retour de la nuit, revient prier pour la paroisse et le succès de son ministère, quel bien peut-il trouver impossible?

C'est une chose profondément remarquable que les exercices que tout prêtre doit suivre, soient précisément ceux qui contribueront le plus au succès de son ministère, ceux qui le sanctifient sanctifieront aussi son peuple! Pour en tirer un profit si désirable, il n'a qu'à y introduire la pensée de son cher troupeau. *Hic est fratrum amator et populi Israel. Hic est qui multùm orat pro populo et universâ sanctâ civitate.*

Enfin il y a aussi dans sa personne et dans son ministère des conditions divines de succès: ne faisons que les citer. Dans sa personne, il faut l'humilité, fondement de tout, la bonté, la douceur, qui sont les seuls moyens d'attirer et de prendre les hommes : *Discite à me quia mitis sum et humilis;* le désintéressement et la pureté d'intention. Pour son ministère, outre l'observation des règles de l'Église qui ont grâce par elles-mêmes, il faut qu'il donne à son ministère la forme nécessaire de nos jours : grande dévotion à Marie; confréries et associations; soin extrême des enfants.

II. — PRÉPARATION PROCHAINE.

Après la préparation éloignée, qui est le fond et l'habitude de la vie pastorale, il y en a une autre plus prochaine et immédiate que le pasteur doit apporter quand il doit parler.

Obligation de cette préparation — manière de se préparer.

Ne pas se préparer c'est manquer à Dieu qui nous envoie et dont nous traitons si mal la parole. C'est manquer à cette parole qui n'est pas moins que le corps du Seigneur, dit saint Augustin; c'est déconsidérer son ministère. Que de pasteurs peut-être excitent le mépris, la critique par la manière dont ils remplissent le devoir si doux de la prédication! L'auditoire des plus humbles compagnes doit être respecté : ce sont des âmes. Si dans les palais il y a des flambeaux d'or et d'argent, si dans les humbles chaumières il n'y a que la lampe d'argile, partout il y a la lumière. Il faut que la parole de Dieu luise pour tout le monde. *Declaratio sermonum tuorum illuminat.* Dans les villes aussi bien que dans les campagnes, le seul moyen d'apprendre la religion c'est de la prêcher dans un cours suivi et d'une manière soignée mais très simple. « *Les vérités* » *de la religion,* disait Mgr Gerbet, *sont hau-* » *tes, il est vrai, mais simples. Si par leur* » *élévation elles exercent la vue des plus su-* » *blimes intelligences, elles s'abaissent par* » *leur simplicité de manière à se mettre à la*

» *portée de ces humbles esprits, qui n'ont de*
» *grand que la droiture de leur volonté. Elles*
» *ressemblent à ces étoiles lointaines qui sont*
» *visibles malgré leur distance aux yeux dont*
» *le regard est pur et qui sont obscures mal-*
» *gré leur éclat pour les yeux malades.* » Oui, le peuple a droit à la vérité et il peut la saisir. C'est pour le peuple que Jésus-Christ est venu, et ceux qui ne se croiraient pas peuple sont obligés de se faire simples et petits s'ils veulent être admis à l'école du divin maître. Pauvre peuple! et pourtant qu'il est négligé! Que lui dit-on? Comment lui parle-t-on? Avouons-le, on lui parle trop souvent sans préparation, sans dignité et sans succès.

Il n'est pas difficile, dit-on, de parler à des paysans, je m'en tirerai bien. — C'est une erreur, mon frère, et une grave erreur; il est très difficile de parler au peuple comme il faut. Un prône comme il faut est une composition très pénible, plus difficile qu'un sermon. Pour un sermon on n'a qu'à suivre ses idées, ici il faut les travailler et les mettre, sans les fausser, sans les dégrader, à la portée de tous les esprits; si vous aviez passé quatre ans à faire de pareils prônes, votre langage serait bien différent. Vous vous en tirerez, dites-vous, je le désire moi aussi, mais peut-être pas aussi tôt que vous voudrez; vous serez en chaire, vous parlerez de tout, vous ne croirez pas avoir assez expliqué votre idée, vous la reprendrez sans cesse, il se présentera à vous d'autres pensées que vous voudrez offrir à votre auditoire : le temps coulera et vous seul le trouverez court. Et puis comment vous en tirerez-vous? Je désire que ce soit pour le mieux, mais il est dit : *qui ascendit sine labore descendit sine honore.* Tout discours qui n'a pas beaucoup coûté à faire coûte beaucoup à entendre. Mais quand bien même vous auriez le bonheur de réussir à être, sans préparation, court et intéressant, y réussirez-vous constamment? y pourrez-vous réussir constamment? Que faites-vous de cette préparation divine qui est l'essence, l'élément principal de l'instruction, comme il sera dit tout-à-l'heure? Croyez-moi, la théologie, la raison et l'expérience l'enseignent : Un pasteur qui d'habitude ne prépare pas ses discours d'une manière prochaine et convenable, péche gravement. Il ne prêche pas comme il faut, ce qui est pire que s'il ne prêchait pas du tout.

Il n'y a personne! Faites venir vos gens, attirez-les par votre bonté en allant les voir. Appelez les enfants. Faites des cérémonies intéressantes. Soyez très court dans vos instructions, c'est peut-être parce que vous êtes trop long, trop ennuyeux, qu'on ne vient pas. N'y eût-il que sept personnes, prêchez comme saint François-de-Sales, vous en convertirez une peut-être. Rappelez-vous que vous êtes dans votre paroisse comme une source. Les sources cessent-elles de couler quand il n'y a personne? Elles donnent toujours leurs eaux, en prend qui veut; faites ainsi et Dieu sera justifié, vous aurez justifié sa Providence et sa bonté qui sont toujours à la portée des âmes: tant pis pour ceux qui n'en auront pas voulu profiter.

Je parle depuis longtemps, il n'y a aucun bien sensible. Avez vous soigné vos instructions? avez-vous surtout prié à la messe, à la visite au Saint-Sacrement? N'avez-vous pas été trop long, trop ennuyeux? Si vous n'avez rien à vous reprocher et que malgré cela le bien ne s'opère pas, vous avez délivré votre âme, vous avez rempli votre devoir. Continuez à travailler, ne cessez pas de prier, le succès est au bout. Dans tous les cas, Dieu sera justifié, lorsqu'il frappera ses ennemis. *Perditio tua ex te, Israël.*

J'ai l'habitude. L'habitude de parler, bien; mais l'habitude de traiter avec clarté, onction, simplicité, intérêt, une question de religion sans l'avoir prévue et préparée, vous ne l'avez pas. Votre facilité porte sur la parole, sur le sangfroid, sur l'action; mais pour le cours des choses et leur disposition et leur maturité, elle n'y touche même pas. Et revient toujours la préparation divine que votre facilité n'implique pas. Eh! mon Dieu, cette facilité n'est que trop souvent un flot de paroles sans fin et une cause d'ennui pour l'auditeur. Elle ne vous servira que si vous la réglez par une bonne préparation.

J'y penserai samedi. — C'est trop tard, et puis, le samedi et le dimanche matin seront occupés. L'imprévu vous en prendra une bonne part et en définitive vous monterez en chaire sans préparation. Non, ce n'est pas suffisant de penser vaguement à son prône le samedi, l'expérience le montre assez.

Tels sont les principaux prétextes que l'on allègue pour se dispenser du devoir sacré de la préparation. Ils ne peuvent rassurer une conscience droite.

Comment se préparer d'une manière prochaine? Voici une bonne manière. Il faudrait que le prône fût le fruit de toute la semaine. La nature nous donne l'exemple de cette lente maturité. Le dimanche soir à la visite au Saint-Sacrement, le pasteur demande à Dieu de bien connaître, de bien traiter son sujet en général. A cet effet, il récite le *Veni Creator,* une prière à Marie, par qui viennent toutes les grâces, puis l'antienne et l'oraison du patron, à qui il doit porter une vénération particulière. Le lundi il remarque le point qu'il doit traiter, nous dirons plus tard quel est ce point, il cherche dans sa Bible une ou deux pensées propres à ce sujet : il voit dans son Père de l'Église, s'il ne trouverait pas quelqu'idée, quelque comparaison, quelque texte frappant, il ajoute la consultation d'un bon catéchisme, ou d'un autre auteur. Il note ses idées, mais en très peu de mots. Il se borne à ce travail. Bien entendu qu'à la messe et qu'à la visite, il continue à demander la grâce. Le mardi il fait son oraison sur les idées recueillies la veille, il les pénètre, il les goûte dans la lumière de Dieu, se les applique, les pratique et ainsi les possède parfaitement. Les autres jours il écrit, ce qui n'est pas long. Il faut que le prône écrit occupe deux feuilles entières de papier à lettre, c'est une longue lettre; et il l'apprend, continuant, bien entendu, à prier Dieu, car c'est là l'âme du prône. Tout cela, on le voit, ne demande pas beaucoup de temps chaque jour, mais il y a dans cette lente maturité une condition étonnante de succès : La grâce de Dieu s'unira à ce travail humain. Le prône est prêt le samedi. Le dimanche après avoir encore invoqué Dieu, le pasteur le donne à ses paroissiens avec foi, amour, goût et facilité. Après il dit la messe par-dessus. Il est impossible qu'une telle manière de prêcher ne fasse pas de bien. Nous osons dire que c'est là le point le plus important du ministère pastoral. C'est malheureusement le plus négligé; on emploie plus ou moins la préparation prochaine et humaine. Quant à la préparation prochaine divine, c'est la plus négligée; que les pasteurs donc portent sur ce point leur attention; que les jeunes prêtres prennent à cet égard de bonnes résolutions. *Sit orator, antequàm dictor* (S. Aug.). Faites votre prône, surtout dans votre sanctuaire, à l'oraison, à la messe, un peu dans vos livres pour en extraire quelques idées; méditez-le et ourdissez-le comme une trame céleste, en y mêlant la grâce de Dieu et tous vos efforts. Que votre discours soit une incarnation de la lumière du Seigneur luisant dans un vase pur et brillant : que la forme soit comme un doux transparent. *Declaratio sermonum tuorum illuminat.* Que vous serez dans l'erreur si vous croyez avoir bien fait quand vous aurez récité quelques lambeaux de sermon, sans application, sans prière!

Cette méthode nous semble très facile, ne demandant pas beaucoup de temps : elle facilite la maturité, fait du bien au pasteur, et agit merveilleusement sur le peuple. Qu'on l'essaie et l'on verra son efficacité et tous ses heureux résultats.

Sa réalisation.

La bonne exécution du ministère pastoral se réduit à trois points : instruire, plaire, toucher. *Veritas pateat*, dit S. Aug., *veritas placeat, veritas moveat.*

I. — INSTRUIRE.

Obligation. — Manière d'instruire. — Tout se réunit pour prouver l'obligation où le pasteur est d'instruire son peuple. L'Écriture l'établit en plusieurs endroits. *Si non fueris locutus ut se custodiat impius à viâ suâ, sanguinem ejus de manu tuâ requiram.* Le droit canon en parle souvent : *tacendo pastor occidit.* La raison. Nous avons vu que la fin du ministère est le salut des âmes, mais le salut des âmes vient de l'ouïe. La parole en fait l'essence. C'est un crime contre l'essence des choses qu'un pasteur ne parle pas : c'est un crime contre la paroisse que tous les vices envahissent et qu'il est si difficile de ramener ensuite ; c'est un crime contre la société, contre l'Église que l'on trompe. Oui, il y a nécessité de prêcher : *Necessitas mihi incombit, vœ mihi si non evangelizavero.* Que l'on remarque ce décret du Concile de Trente ; chaque mot est plein de sens : — « *Curam* » *animarum habentes, diebus saltem domi-* » *nicis et festis solemnibus plebes sibi commis-* » *sas pro suâ et earum capacitate pascant sa-* » *lutaribus verbis... Si quis eorum prœstare ne-* » *gligat, per censuras ecclesiasticas cogantur.* » Cette obligation est plus pressante aujourd'hui que jamais. L'instruction religieuse ne se donne plus dans la famille : on ne peut la trouver qu'à l'église, et si elle n'y est pas, quel malheur ! « *Nous affirmons,* disait Benoît XIV, *que la grande partie de ceux qui sont condamnés aux supplices de l'Enfer, subissent cette peine à cause de l'ignorance des mystères de la foi qu'ils devraient nécessaire-*

ment savoir! » On ne peut en douter comme on ne peut trop le méditer, l'obligation la plus rigoureuse du pasteur est d'instruire.

Comment s'y prendre pour instruire ?

Il faut d'abord un cours suivi. C'est l'ordre le plus utile. « *Il n'y a ni art ni science dans le monde que les maîtres n'enseignent d'une manière suivie, par principes et avec méthode, il n'y a que la religion que l'on n'enseigne point de cette manière aux fidèles* (Fénélon). » Aujourd'hui on prêche sur la confession, le dimanche suivant sur l'incarnation, puis sur le vol, puis sur la foi ; et l'expérience prouve que ces discours détachés ne peuvent pas instruire le peuple comme il faut. On prend tels sujets qui nous paraissent faciles, et il y en a un grand nombre dont on ne parle pas. Aussi les fidèles connaissent quelques détails de la religion, mais ils n'en connaissent pas l'ensemble. Et encore, disons-le, on ne connaît jamais bien un détail qu'en connaissant l'ensemble. — C'est l'ordre le plus nécessaire par conséquent et le plus intéressant. La chaire est pour enseigner ; si vous prêchez une suite de prônes bien enchaînés, bien exposés, vous entraînerez et vous plairez. Quelques pasteurs le font maintenant et ils en voient les heureux résultats (1). Cette nécessité d'un cours suivi est un point sur lequel il faut insister. C'est de là que dépend la solide instruction des paroisses.—Le cours qu'il faut prendre comme base de notre enseignement, c'est le catéchisme du Concile de Trente, élaboré dans cette sainte assemblée et publié par saint Pie V. Clément XI, en 1761, déplorait ce fâcheux amour de la nouveauté qui, de son temps, avait fait tomber des mains des pasteurs cette exposition authentique de la doctrine de l'Église. Il suppliait les évêques d'exiger des prêtres, ayant charge d'âmes, qu'ils employassent le catéchisme romain pour apprendre la vérité catholique aux peuples. Tout pasteur doit en faire le thême de ses prônes. — Il faut toujours montrer l'ensemble de chaque partie : foi, sacrements, commandements, prières. — Puis prendre un point ou une partie d'un point

(1) Voir à la fin C.

par dimanche. A chaque fois on relie ce qu'on va dire à ce qui a été dit; à la fin on annonce d'avance ce qu'on dira à la prochaine réunion : absolument comme fait un professeur dans sa classe. Pour être utile, ce cours doit avoir 1° de l'ordre pour disposer l'ensemble; et 2° de la clarté pour traiter chaque point en particulier. On l'interrompt aux grandes occasions et fêtes. Ce qui revient à dire que le pasteur a deux manières de prêcher : une ordinaire et professorale; l'autre comme celle des missionnaires, dans l'avent, le carême, etc., ce qui varie sa voix et la rend toujours intéressante. Remarquons que dans les récapitulations que fait le pasteur, les points principaux de la religion doivent toujours se présenter, on ne saurait trop le répéter : par exemple, un Dieu en trois personnes, Jésus-Christ fait homme, mort pour nous, la terre qui n'est qu'un passage, la nécessité de servir Dieu, le Paradis ou l'Enfer qui nous attendent : dogmes qui souvent répétés passeront dans le peuple et feront la base de sa théologie. — Ajoutons la briéveté de la vie, la charité fraternelle, vérités que l'on ne peut trop prêcher à une société comme la nôtre.

Ayez donc un cours suivi, dont vous traitez chaque dimanche un point. Allons plus loin. Quant vous aurez déterminé le point que la suite de l'ensemble veut que vous traitiez, il faut, pour le traiter d'une manière instructive, mettre de la clarté dans votre pensée, c'est-à-dire savoir ce qu'il en faut dire au peuple, ce que vous trouverez comme il a été dit à l'article de la préparation, dans la Bible, dans les Pères, ou encore dans les catéchismes de Guillois, par exemple, de M. de Lantage. Une fois que vous avez réuni, médité les idées de ce point, il faut les rendre claires pour l'auditoire : cherchez dans ces idées la plus facile à faire entendre au peuple, soit par elle-même, soit par des explications; partez du connu pour arriver à l'inconnu; attachez-vous au côté sensible de la religion, car elle parle au cœur et à l'esprit; aux idées populaires ; procédez par comparaisons bien établies, bien développées, bien appliquées; tirez ces comparaisons des choses visibles, présentes, actuelles; employez beaucoup les narrations. Aux laboureurs, parlez de récoltes, du travail des champs, des saisons, de la nature; aux ouvriers, de machines, d'industrie; au soldat, de guerre, de discipline, de couronne; au négociant, de commerce, de caisse d'épargne, etc., etc. (1).

Quand vous avez ainsi élaboré vos idées, il faut travailler la forme, il faut la rendre aussi claire, aussi transparente que possible; qu'elle soit comme l'air pur que traverse sans altération le rayon de l'étoile (2). Évitez

(1) Voir à la fin D.

(2) La clarté est éminemment le caractère de l'esprit français. C'est le génie de la langue française. C'est aussi le génie de la littérature chrétienne. Au livre Ier, § 10 de ses Stromates, Clément d'Alexandrie, dès le second siècle, formulait ainsi les principes de cette nouvelle littérature : « *Le style est à la pensée ce que l'habit est au corps, les* » *idées sont les nerfs et les chairs. Il ne faut pas avoir* » *plus de soin de l'habit que du corps.* » L'idée est le fond, c'est elle qui brille à travers la forme et constitue la beauté véritable. La forme se moule sur l'idée et se transforme dans son contact avec elle. S'attacher à soigner pour la forme eût paru chose inouïe aux Pères; employer une forme obscure leur paraissait ridicule et peine perdue : *Qui dicit cum docere vult, quamdiu non intelligitur, non-*

donc — toute parole extraordinaire, — obscure, scientifique, — toute allusion aux saintes Écritures, sans expliquer d'abord le fait, — tout ce qui supposerait que votre auditoire sait quelque chose en fait de religion. Que de discours n'entraînent pas à cause qu'ils n'évitent pas ces défauts. Il est presque de coutume de ne pas comprendre, on est alors savant pour l'auditoire ; le peuple est tout surpris quand il comprend. Pauvre peuple ! il voudrait bien assez, il vient bien assez ; mais, ou c'est le fond mal exposé, ou c'est la forme mal préparée qui l'empêchent de comprendre. Et il revient toujours ! et il ne se lasse pas ! Pauvre peuple ! parlez donc de grâce pour lui. En fait de religion, tout le monde est peuple : la vérité catholique parle à tous, il ne faut que la présenter. Pasteur, soyez sensible, — vrai, — naturel et évangélique comme Notre-

dùm se existimet dixisse quod vult ei quem vult docere. (S. Aug. de doct. chr.) Dignité, simplicité, utilité, voilà le triple caractère des lettres chrétiennes, tel qu'il ressort des immortels écrits des Pères.

Seigneur dans la Bible; — jamais homme n'a parlé comme lui. Ce qui ne veut pas dire du tout : soyez commun, trivial, grossier. Non, non, le peuple lui-même repousse ce genre : vous le feriez rire, vous le dégouteriez, il vous mépriserait. Il y a un milieu entre n'être pas compris et être méprisé. La simplicité n'exclut point la noblesse. L'enseignement de la religion ne doit jamais exciter le rire ou le mépris. Enfin il faut répéter avec accent, avec lenteur, les phrases importantes, sacramentelles, pour ainsi dire, du discours.

Pour instruire il faut un cours suivi, — une élaboration des idées et une élaboration de la forme, et on croirait pouvoir prêcher sans préparation! ou pouvoir se préparer sans étude! L'étude seule produit la préparation, la préparation seule amène la clarté de l'ensemble, la clarté du fond, la clarté de la forme; et la clarté rend instruit. *Veritas luceat!*

II. — PLAIRE.

Plaire, c'est se faire écouter avec plaisir, intérêt et confiance.

De cette seule définition découle la nécessité de plaire, seulement il faut éviter un écueil. Plaire n'est qu'un moyen, ce n'est pas un but. Il faut savoir, dit S. Grégoire, que les bons pasteurs doivent chercher à plaire aux hommes, pour les attirer à l'amour du Créateur. *Sciendum quoque est quod oporteat, ut rectores boni placere hominibus appetant, sed ut suæ æstimationis dulcedine proximos in affectum veritatis trahant, non ut se amari desiderent sed ut dilectionem suam quasi quamdam viam faciant per quam corda audientium ad amorem conditoris introducant. Difficile quippè ut quamlibet recta denuncians prædicator qui non diligitur, libenter audiatur. Debet ergo qui præest et studere se diligi quatinus possit audiri et tamen amorem suum pro semetipso non quærere...* (Pas. cap. VIII, IX. pars. II.) Chercher à plaire uniquement pour plaire serait outrager Dieu. *Hostis nam-*

que Redemptoris est, qui per recta opera quæ facit, ejus vice ab Ecclesiâ amari concupiscit. Vouloir plaire par les agréments profanes, frivoles et mondains, c'est un crime : *Adulterantes verbum Dei.* Plaire par une fausse douceur, c'est encourir la malédiction écrite dans Ézéchiel : *Vœ his qui faciunt cervicalia sub capite universœ œtatis ad capiendas animas.* Voilà l'excès à éviter. Ne pas chercher à plaire est une faute; chercher à plaire humainement et pour soi est aussi une faute. *Sicut et ego per omnia omnibus placeo,* dit saint Paul, évitant le premier écueil; il évite le second en disant : *Si adhùc hominibus placerem Christi servus non essem.* Il plaît, mais c'est Dieu qui plaît en lui.

On plaît par la vertu, par ce que l'on dit, par la manière de le dire.

En paraissant en chaire, le pasteur doit y être précédé par une réputation de sainteté, de bon exemple. Nous l'avons dit. Il faut de plus que son extérieur soit doux, modeste, pénétré. Chaque fois que saint Liguori paraissait en public, sa présence en disait plus que toutes ses paroles. Il faut que sa parole soit bonne, douce, réservée, pleine de douceur, pleine de bonté : tout cela est une excellente manière de plaire à l'auditoire. On doit donc éviter tout air fier et suffisant, toute pose théâtrale, toute vaine parure, tout éclat fâcheux, etc., etc.

Il faut de plus que le discours plaise par le fond et par la forme. Par le fond, vous devez y mettre, nous l'avons vu, toute la religion; mais, parmi les vérités religieuses, les unes plaisent par elles-mêmes; quant à celles-là, il n'y a pas de difficulté. Il y en a d'autres qui contrarient, qui gênent; pour celles-là, il faut trouver le moyen de les présenter sans blesser, et même de les faire goûter. Pour arriver à ce but, il faut bien connaître l'état moral des paroissiens, leurs sentiments bons et mauvais, leurs susceptibilités, leurs préjugés et leurs attaches, et ne pas les choquer de front. Il faut de plus garder les bienséances par rapport au prédicateur, au lieu, au temps, au sujet; s'excuser soi-même, se dire attristé, établir pourquoi on doit en parler; le bien qui en résultera; que c'est l'affection qui porte à parler ainsi, etc. Enfin, pour tout dire en un mot, pour avoir le droit de dire toute vérité sans fâcher, c'est d'aimer. *Ama et dic quod vis.* — Ajoutons qu'on doit plaire par la justesse et la beauté des preuves, l'esprit humain aime à entendre raisonner juste, par la manière *aisée, convaincue* et *naturelle* avec laquelle on parle : c'est un des moyens les plus infaillibles; par tout l'ensemble qui résulte et de la vie du pasteur et de son air et de son action et de ce qu'il dit et de la manière claire, simple, soignée, juste, naturelle et pénétrée avec laquelle il le dit.

On peut dire de la manière de parler du pasteur dans les reproches ce qu'on dit de son gouvernement. Il doit se montrer mère par la bonté, père par l'autorité : *Curandum quippè est ut rectorem subditis et matrem pietas et patrem exhibeat disciplina... Disciplina vel misericordia multum destituitur si una sine altera teneatur,* la règle et la bonté ne doivent pas se séparer, *miscenda ergo est lenitas cum severitate, faciendum quoddam ex utroque temperamentum, ut neque multa asperitate exulcerentur subditi, neque nimiâ benignitate solvantur.* Toujours de la bonté même dans la règle, *fortiter et suaviter.* Malheur aux prêtres à qui on peut appliquer ces paroles du prophète : *Vos autem cum auctoritate imperabatis et cum potentiâ.* De même, qu'il y ait toujours de la charité, de la douceur dans les paroles les plus fortes : *Semper in sacerdotali pectore cum terrore severitatis custodiri debet virtus mansuetudinis, ut et iram mansuetudo condat.* (Gr. hom. XVII in. Ev.) Il y a une colère que l'on regarde comme l'effet du zèle, *effranata ira spiritalis zeli virtus estimatur.* Cette colère fait un mal immense. Il y a des vices qu'il faut dissimuler; il ne faut jamais en parler *ab irato,* il faut attendre, attendre encore, laisser passer la colère, et, le moment venu, parler par charité, *si quando zelus rectitudinis exigit ut ergà subditos sœviat, furor ipse de amore sit, non de crudelitate.* Ainsi la parole du pasteur sera toujours aimée : *Aliis blanda, aliis severa, nulli inimica, omnibus mater.* (S. Aug.)

Gardons-nous d'omettre le moyen le plus

assuré (avec le naturel en chaire) de plaire au peuple. Que tous les pasteurs ne le mettent-ils en pratique! C'est notre conviction que si on le réalisait, nos églises seraient encore plus fréquentées et le ministère pastoral aurait plus d'action et mille fois plus de succès. Ce moyen c'est d'être court. Soyez court, jamais nous ne le dirons assez. On prêche beaucoup trop longtemps. *Moins vous direz, plus on profitera; plus vous direz, moins on retiendra... Quand un discours est trop long, la fin fait oublier le milieu et le milieu le commencement*, dit saint François de Sales dans son admirable lettre à l'archevêque de Bourges sur la prédication. En prêchant longtemps vous vous fatiguez; vous fatiguez les gens, ils s'ennuient, ne reviennent pas ou n'écoutent pas. La longueur est un des fléaux du ministère pastoral. Que le prône, montre en main, dure un quart-d'heure. Dans un quart-d'heure on peut dire beaucoup si on se prépare. Dans un quart-d'heure on remplit la mesure d'attention du peuple. Après ce temps il n'écoute plus ou ne profite plus. Soyez fidèle à cette règle.

On a vu le peuple accourir à des églises où le prône était court ; et nous savons des contrées qui ont été ramenées par des prônes d'un quart-d'heure. Les sermons ne doivent pas dépasser et souvent ne devraient pas atteindre demi-heure. Qu'on l'éprouve, et on verra si ces prédications si courtes ne seront pas les plus efficaces. Soyez court. Quoi qu'il en soit du temps passé, il faut aujourd'hui être court.

Aujourd'hui, si on veut plaire, et on le doit, comme souvent on est en désaccord avec le siècle, il faut avoir une grande provision de tact. Sachez prendre le peuple. Voici comment il faut le faire : 1° supposez-le tel que vous le voudriez; c'est amicalement et très clairement lui dire, sans le fâcher, ce qu'il n'est pas ; 2° quand il a bien fait, il faut bien le complimenter, l'encourager, le remercier, et à l'aide de ces compliments on lui dit ce qu'il n'a pas fait, ce qu'il a négligé ; 3° ayez confiance en lui et dites-le lui ; 4° ne lui faites pas des reproches directs, crus et durs. Il ne les aime pas, et tout le monde fait comme lui. Les reproches font toujours du mal, très rarement du bien à un degré suffisant. Oh! non, pasteurs, ne faites pas de reproches, ne vous fâchez pas en chaire, ne menacez pas, ne criez pas, cela n'avance rien. Retenez cette règle : plus vous aurez à dire de vérités dures, plus il faut mettre de tact et de bonté. C'est la bonté, et la bonté seule qui permet de tout dire sans blesser. Ayez tout le savoir vivre, toute la politesse, toutes les formes du monde *sous ce rapport,* mais de plus ayez la douceur, la sincérité, la charité que le monde n'a pas.

Les exemples seraient faciles, ils viennent en foule à notre plume. Nous ne les citerons pas, c'est aux professeurs à faire exercer leurs élèves en leur posant différents cas.

Aujourd'hui il faut surtout de l'intérêt, des mouvements, de la vie, une forme populaire dans le discours. Expliquons ces termes. De l'intérêt, etc. Jusqu'à présent on a assez suivi dans le prône le genre dogmatique, le genre de thèse, de dissertation. On parle à la troisième personne; il n'y a rien qui parle au peuple, on parle d'une définition théologique, on met ses preuves, ses corollaires, ses scholies. Tout cela, assurément, en soi est très bon. Mais tout cela n'intéresse pas le peuple. De grâce, quittez ce genre. Prenez votre sujet, parlez toujours à vôtre auditoire, à la seconde personne. Allez, par images, par comparaisons; mettez des peintures de mœurs, c'est-à-dire sachez ce que fait ou ce que ne fait pas le peuple par rapport à ce que vous dites; faites-lui en un tableau exact; réfutez, conjurez, priez, parlez avec animation et conviction, parlez avec bonté; mettez beaucoup de questions, prenez-le sur le fait. *Vous ne savez pas, n'est-il pas vrai?... Si je vous demandais, vous seriez en peine... et je le comprends. Mais voici... Oui, c'est cela, cela même. Dieu que c'est beau!... Vous n'y aviez pas pensé... Voyez comme nous sommes! Aussi que faisiez-vous? Quel état!... Mais à présent!... Retenez donc bien... vous pères... vous mères... et vous aussi petits enfants... Oui, oui, tous... j'en suis sûr, je vous connais, vous êtes... N'est-il pas vrai que je vous devine...* Ce genre occupe le peuple, le tient en éveil... et lui plaît. *Veritas placeat!*

III. — TOUCHER.

Toucher c'est remuer les passions qui sont dans le cœur de l'homme et les diriger vers le bien.

Est-il nécessaire de toucher? On ne peut en douter. C'est beaucoup assurément que de plaire; c'est beaucoup que d'instruire; mais ce n'est pas tout. Il faut encore faire aimer la vérité à l'homme et la lui faire pratiquer. Après avoir frappé l'intelligence, il faut aussi agir sur la volonté. C'est le dernier coup qui reste à donner, mais c'est le coup suprême et décisif. *Flectendus est auditor ut moveatur ad agendum.* Saint Aug. Il faut remuer les passions qui sont le mobile de la volonté; c'est en les touchant qu'on convertit. Le mal n'est pas tant dans l'esprit que dans le cœur, c'est là aussi qu'il faut porter la chaleur et la vérité, c'est là qu'il faut descendre. Si votre parole charme et instruit; si limpide et polie comme le marbre, elle est froide comme lui, vous serez un beau parleur, mais vous ne serez pas prédicateur, par cette raison décisive que le christianisme est une religion toute de sentiment. L'onction, qui part du cœur et qui va au cœur, doit être le principal caractère de l'éloquence sacrée; si votre parole ne va pas au cœur du peuple parce qu'elle ne part du vôtre, vous ne prêcherez pas. Remarquons en insistant que notre religion est une religion d'amour : la création, c'est l'amour qui produit le monde; la rédemption, c'est l'amour qui le répare, et après le règne de Jésus-Christ vient le règne de l'esprit d'amour qui le sanctifie; le paradis, c'est l'amour qui couronne; l'enfer, c'est l'amour repoussé qui repousse. Peut-on chanter l'amour sans amour? L'onction est donc le principal élément de la prédication pastorale. Mais, hélas! avouons-le, c'est cet élément qui est le moins employé. On cache, on serre son cœur; il n'y a pas vestige. On est froid, on disserte, mais on ne touche pas. Mais qu'un pasteur monte en chaire, qu'il parle un peu du fond du cœur et vous verrez. C'est le secret infaillible de toucher que de laisser parler son cœur!

Comment s'y prendre pour toucher? Un mot le dit : il faut être touché, c'est le seul moyen. Il est tellement exclusif qu'il repousse même ce qui lui ressemblerait. Rien n'est plus froid que ceux qui veulent montrer une sensibilité factice et préparée. Comment faire pour être touché? Pour être touché, soyez homme de foi, homme de charité, et on vous assure de bons succès. Ayez la foi dans la rigueur du mot, soyez convaincu; plus que cela, voyez, palpez, sentez par une sensation totale de toute votre âme les vérités cachées que vous allez prêcher. Soyez homme de charité, aimez Dieu par dessus tout et de toute la force de votre être, votre prochain aussi d'un amour vif et tendre, et on vous le certifie, vous serez éloquent. Les saints avaient tous reçus à la poitrine cette double et large blessure, et c'est l'amour qui les a rendus éloquents! Fort bien, mais comment avoir la foi et la charité? Rien n'est plus simple : demandez-les à Dieu tous les jours; à chaque demande il vous en sera accordé un degré. Faites-en des actes fréquents; à chaque acte vous en recevrez une augmentation. Si nous sommes si pauvres dans la foi et dans la charité, à nous la faute. La préparation divine peut aussi nous donner ces deux éléments.

En chaire parlez avec clarté, énergie; mettez de la vie et du feu dans chaque parole, et non dans ces éclats, ces transports qui sont trop violents pour être naturels; ayez des moments plus parlants les uns que les autres, ménagez-les par des gradations naturelles : la passion s'enflammera peu à peu; que ces moments ne se prolongent pas trop; si les larmes coulent, arrêtez-vous : le coup est donné, ne cherchez pas à les faire couler encore.

Donc, pour la pratique, retenons de demander souvent à Dieu la foi et la charité, vertus divines qui nous serviront comme chrétiens et comme prédicateurs. Retenons de mettre de la conviction, du cœur dans nos discours : généralement, dans tout sujet, regardons ce côté sensible qui touche le cœur, — et il n'y a pas dans la religion de sujet, nous parlons même des plus terribles, qui ne touche au cœur humain, — frappons à ce point harmonique et tout sera dit.

Les prêtres devraient y réfléchir : la parole de Dieu est aimable, elle est pure, elle est pleine d'amour, pourquoi agit-elle si peu? C'est nous qui l'altérons quand elle passe en nous. Elle sort de notre bouche ou grossière, ou incompréhensible, ou mêlée, et presque toujours sans onction. Pénétrons-nous de tout cet article, repassons-le dans de fréquentes oraisons, peut-être y trouverons-nous les moyens d'instruire, de plaire et de toucher. Soyons saints par la foi que nous donnera le vrai coup-d'œil de la vérité et des accents de l'éternité; par la charité qui nous donnera un je ne sais quoi qui va ébranler l'âme en la pénétrant comme une huile mystérieuse et lui donnant l'heureuse souplesse du bien. *Veritas moveat!*

Ici finit notre première partie. Nous avons vu l'excellence du ministère pastoral au point de vue humain, mais surtout au point de vue surnaturel, ministère sublime qui fait du pasteur comme un abrégé de Jésus-Christ, comme un résumé de l'Église, qui exige, pour être bien rempli, des qualités presque divines; — nous avons vu sa préparation éloignée par l'étude et par l'application à tous les exercices de piété qui en sont le nerf principal; et sa préparation prochaine, quand le moment est venu de parler. Nous avons vu enfin son exécution qui consiste à instruire, à plaire et à toucher.

Du ministère pastoral en particulier.

Retenant encore les divisions déja employées dans le traité de l'éloquence sacrée en général, nous dirons : 1° les divers objets que l'on peut traiter considérés quant au fond; 2° les diverses formes que l'on peut leur donner.

Divers sujets que l'on peut traiter.

Ces sujets sont : les vérités dogmatiques, la morale, les mystères, les sacrements, la prière.

I. — VÉRITÉS DOGMATIQUES.

La grande règle pour traiter comme il convient ces vérités est de les proposer avec autorité. La vérité est pleine d'autorité par elle-même : *Erat enim docens eos tanquam potestatem habens*, et de les proposer sans controverse. Elevé dans les cours de théologie qui tous sentent l'argumentation, le pasteur est toujours tenté de prouver, de réfuter; presque jamais il n'expose la vérité avec cette dignité, cette affirmation qui lui sont si convenables. Qu'il garde la thèse et l'antithèse pour l'école; mais que dans l'Église il enseigne la vérité, *tanquam potestatem habens*. Qu'il ne s'y trompe pas, il est là pour enseigner le peuple comme le faisait Jésus-Christ. Le divin Sauveur se faisait admirer : *stupebant super doctrinâ ejus, erat enim docens eos*. Voilà ce qui frappe le peuple. La vérité est son aliment; il va la chercher à qui la lui donne, et elle-même le nourrit et lui plaît.

Il faut donc : — 1° Éviter de paraître croire que parmi ceux à qui l'on parle il y ait des esprits qui puissent douter de la vérité que l'on traite. Au fond ce serait une erreur. Il y a beaucoup d'ignorants, mais il y en a peu de sceptiques. Parmi ceux-là mêmes qui vantent le plus leur incrédulité, la plupart mentent ou se trompent eux-mêmes. N'est pas incrédule qui veut. Mais enfin, fût-il vrai qu'il y eût quelques esprits de ce genre, fussent-ils en certain nombre, la règle subsiste : il ne faut pas paraître croire qu'il y ait des hommes capables de douter. Ce serait faire trop d'honneur à ces mauvais esprits que d'en tenir compte extérieurement et que de dire par exemple : *il en est parmi vous qui doutent, qui disent,* etc. Au fond, tenez compte de tout cela, arrangez si bien votre vérité qu'elle frappe tout le monde; mais que la vérité soit maîtresse. Sentez-la si vivement, soyez-en tellement persuadé que vous la chantiez dans toute sa beauté et sa grandeur. Parmi le peuple, que de gens qui ont une foi virginale à tout ce qu'enseigne l'Église, et si vous venez leur dire qu'il y en a qui en doutent pour telle et telle raison, n'est-ce pas détruire en quelque manière l'aimable intégrité de leur foi?

2° Ne jamais prendre un air d'attaque, de controverse. Nous ne saurions trop employer cette règle. Elle est d'une importance extrême. Saint François de Sales, qui a converti tant d'âmes, avait pour méthode d'exposer en chaire simplement et clairement la vérité sans un mot de discussion. C'est à cette méthode qu'il attribue les succès prodigieux de son ministère. *Declaratio sermonum tuorum illuminat;* laissez faire, la vérité luit par elle-même, à vous de la montrer; *justificata in semetipsa,* elle porte en soi tout ce qui la justifie; *intellectum dat parvulis,* elle parle même aux petits enfants.

3° Choisir des preuves *bonnes,* c'est évident; *claires,* à la portée des gens; *exposées logiquement,* par voie de développement et d'exposition, jamais par voie d'argumentation; avec vie, conviction, cœur et enthousiasme.

4° Ne pas formuler d'objections, les *prévenir,* les saper d'avance, croire impossible qu'il y en ait...

5° Ajouter les harmonies du sujet, c'est-à-dire ses convenances par rapport à Dieu, à l'homme, à la nature; c'est le côté important aujourd'hui.

6° Mettre quelques affections pieuses; ces quelques phrases bien senties, bien dites, font toujours du bien.

7° Terminer par des résolutions pratiques et d'une pratique précise et à réaliser dès le moment présent (1).

Ces règles sont tirées naturellement de l'idée essentielle du ministère pastoral. Si vous argumentez, votre parole sera inutile, ne frappant que des ennemis chimériques, sera dangereuse, flattera les quelques esprits un peu hostiles qui verront qu'on les prend au sérieux, attristera les bonnes âmes qui viennent chercher la vérité pure, ne plaira pas au peuple qui n'est pas raisonneur, qui veut savoir simplement ce qu'il faut savoir et faire, et que l'ascendant de l'autorité mène toujours; si vos preuves ne sont ni bonnes, ni claires, elles seront dangereuses, nuisibles; si vous ne les exposez pas d'une manière populaire, elles ennuyeront : le peuple n'est pas fait pour un raisonnement trop relevé, trop dogmatique; si vous for-

(1) Voir à la fin E.

mulez des objections, elles se graveront dans quelques esprits, on n'écoutera pas la réponse, on ne la voudra pas retenir, ni examiner, etc.; si vous n'employez pas le côté par lequel la religion parle au cœur de l'homme, vous ne touchez pas; s'il n'y a pas de pratique, votre discours n'aboutira pas, car la pratique, la conversion, est le fond du discours et l'éloge du pasteur.

II. — VÉRITÉS MORALES.

Les vérités morales renferment la loi, la vertu, le vice. Comment traiter ces divers sujets?

Pour ce qui est de la loi de Dieu, il faut être clair en l'exposant, la promulguer avec autorité, avec une inébranlable certitude. — Mais comme l'homme est habituellement révolté, il faut ensuite la lui montrer aussi raisonnable, aussi aimable, aussi facile que possible. — Cela fait, on l'applique aux auditeurs selon leur position; on voit s'ils la suivent, s'ils y manquent, et c'est ici que se placent fort à propos les peintures de mœurs. — Ici on précise, on formule les difficultés, on y répond avec facilité, douceur et insinuation. — Enfin on termine par des résolutions actuelles et pratiques (1).

Le procédé est le même pour les commandements de l'Église en insistant de plus sur cette idée que ce ne sont pas des hommes qui ont fait ces lois sacrées ; en s'inspirant pour cela de la comparaison d'un tribunal composé d'hommes, mais qui rendent des décrets au nom du pouvoir... Il faut aussi que les pasteurs reviennent sans cesse sur l'audition de la messe, sur l'abstinence et sur les autres commandements de l'Église ; et ne craignent pas d'entrer dans les détails, afin de les bien apprendre au peuple. C'est une partie très importante.

Pour la vertu, il faut : en donner une idée claire par sa définition oratoire d'abord, théologique ensuite, — exposer les motifs de l'embrasser ; c'est *nécessaire, — facile, — glorieux,* — dire les moyens de la pratiquer. Ces moyens sont généraux ou communs à

(1) Voir à la fin F.

toutes les vertus ou particuliers à chacune. — Les pieux auteurs en traitent et ici leurs ouvrages sont d'une immense utilité.

Pour les vices, il y en a qu'il ne faut pas traiter en chaire, sinon par le contraire, par la sainte vertu. — Pour les autres, il faut en donner une idée exacte, — dire leurs effets, leurs châtiments, — n'en parler jamais qu'avec peine et une sainte horreur, — établir la nécessité d'en sortir si on avait le malheur d'y être assujéti, et de s'en préserver si on a le bonheur de ne pas en être l'esclave. Moyens pour cela. Dans ce sujet, il faut prendre, employer les précautions, et ne pas dire : *vous avez tel vice;* ne pas désigner les villages, les familles, ou, ce qui est intolérable, les individus.

III. — SACREMENTS.

La meilleure manière de traiter la partie des sacrements se réduit à en exposer :

1° L'*excellence*, en les faisant connaître. Ils ont une excellence commune et une excellence propre.

2o La *nécessité* — de moyen, — de précepte, — de perfection.

3o Les *avantages* qu'ils nous procurent : grâce, — grâce sacramentelle et effets moraux sur les individus et les familles.

4o Les *dispositions* où il faut être pour les recevoir, éloignées et prochaines — du corps, — de l'âme; — défauts ordinaires à ce sujet dans les fidèles.

5o Les *obligations* qu'on doit remplir quand on les a reçus.

6o Les *cérémonies*. Cet article est très important, car tout ce que l'on dira se rattache à des signes sensibles et symboliques que les fidèles voient souvent et dont ils s'estimeront heureux de connaître le sens. Ce que nous disons des cérémonies des sacrements doit s'étendre à tout l'ensemble de la liturgie catholique, que l'on n'explique pas assez et qui fournirait matière à de si saisissantes inventions (1). Que de paroisses où malheureusement on n'a jamais dit au peuple ce que signifient par exemple les cérémonies

(1) Voir à fin G.

des enterrements, les processions, l'eau bénite, etc., etc.!

Parmi les sacrements, il y en a deux que le pasteur doit expliquer fréquemment à son peuple. Avant l'époque des communions, c'est-à-dire durant l'Avent et surtout durant le Carême, il faut revenir sur la Pénitence et l'Eucharistie : sacrements admirables que le peuple ne connaîtra jamais assez.

IV. — MYSTÈRES.

Nous entendons par mystères les principaux événements de la vie de Notre-Seigneur, et de la Sainte Vierge. L'année liturgique est un cycle merveilleux « *où tous les mystères de l'Ancien et du Nouveau-Testament, et principalement ceux de Notre-Seigneur, sont célébrés et renouvelés avec une pieuse commémoration des saints hommes qui ont été sanctifiés par ces mystères et qui en ont rendu témoignage par leur admirable vie ou même par le martyre,* » dit Bossuet.

Chaque mystère étant une leçon, un exemple, une grâce, on devine pourquoi l'Église en a ainsi rempli tout le cours de l'année.

Le pasteur donc qui ne tiendrait pas compte des mystères agirait contre l'esprit de l'Église et manquerait à un devoir de son ministère. Tout pasteur doit être animé de l'Église. Voyez l'Église, voyez comme tout est plein de son esprit; son office, ses prières, ses ornements, son culte jusqu'aux moindres détails, tout se remplit de l'esprit de ses fêtes. Il faut donc que le pasteur en soit aussi pénétré. C'est surtout aux grandes solennités catholiques qu'il doit faire tous ses efforts pour faire connaître, honorer et fructifier les mystères.

Les faire connaître : c'est-à-dire, dire l'extérieur ou le fait, — l'intérieur, c'est-à-dire les sentiments qui animaient celui qui en est le sujet, — faire ressortir les perfections de Dieu qui y sont renfermées et les avantages qui en découlent.

Les faire honorer par la reconnaissance, — l'amour, — l'admiration, — le respect, — la joie, — ou la compassion et le désir de bien faire que l'on réveille dans les fidèles.

Les faire fructifier. — On les annonce d'avance avec beaucoup de solennité ; on les explique en peu de mots en les annonçant ; car ils fructifient d'abord par la connaissance et la méditation ; on engage son peuple à la confession et à la communion, c'est là où ils opèrent surtout. Pour la pénitence, on apprend à ses pénitents, en peu de mots, à bien entrer dans le mystère ; à la communion, c'est une excellente pratique, surtout dans les campagnes, de faire à haute voix les actes avant la communion et ainsi il est facile de faire communier son peuple au mystère. Le soir, à Vêpres, on résume le mystère, on complète ce qu'on doit en dire et on marque les moyens de persévérer dans l'esprit qui en fait le propre.

V. — PRIÈRE.

Il faut d'abord apprendre la prière. Généralement au prône du dimanche on en lit la formule ordinaire ; mais cela ne suffit pas. Le pasteur doit s'attacher à expliquer le *Pater,* qui renferme tout ce qu'on peut demander, le signe de la croix, les *Actes des Vertus théologales*, l'*Ave Maria*, le *Confiteor*. Un très grand nombre de personnes n'y entendent rien. Pour expliquer ces prières, il faut : 1° expliquer chaque mot; 2° en montrer la beauté dans l'ensemble, et 3° bien dire les sentiments qui doivent en accompagner la récitation ; 4° les dire souvent et *lentement* en chaire; 5° communiquer à ses paroissiens cet esprit de respect, de confiance, d'amour et d'humilité en quoi consiste éminemment l'esprit de prière; 6° les habituer, les femmes de la campagne surtout et les hommes aussi, à assister aux offices le chapelet à la main et leur apprendre à le bien dire.

Il serait très utile de donner aux jeunes élèves à traiter successivement chacun de ces cinq sujets, leur faisant appliquer les règles données, et, par antithèse, leur faisant exposer ce qui serait une faute. Ce serait comme une composition particulière qui leur serait très profitable.

Diverses formes que l'on peut leur donner

Il est évident que nous ne revenons pas sur les formes solennelles déjà traitées dans l'Éloquence sacrée en général. Nous ne parlerons que des formes moins solennelles et partant plus propres au ministère pastoral. Ces formes sont :

Un cours suivi, — le Prône, — l'Homélie, — les Avis, — les Lectures, — le Catéchisme, — les Missions, — les Conférences et les allocutions particulières.

Cours suivi.

Le cours suivi est indispensable pour instruire; il est donc essentiel au ministère pastoral. Tout pasteur qui régulièrement ne suit pas un cours n'instruit pas comme il doit. C'est le catéchisme du concile de Trente qui doit être le thème, la base de ce cours suivi. Ce point est d'une grande importance. Le cours suivi montre chaque détail dans son ensemble, met à même de répéter trois fois la même vérité et fournit l'occasion naturelle de reprendre des vues d'ensemble et d'unité sur les principaux points.

Prône.

Le prône est une instruction courte et simple qui se fait à la messe de paroisse.

C'est le moyen principal de succès pastoral. Le prône bien fait est l'élément de vie dans le peuple.

Tout ce que nous avons dit jusqu'à présent du ministère pastoral, nous l'avons dit par rapport au prône. Si le ministère pastoral est une intendance, c'est par le prône que cette intendance opère. Si le ministère pastoral exige l'étude, c'est par rapport au prône; s'il demande la fidélité à tous les exercices de piété, c'est bien pour l'âme du prêtre, sans doute, mais c'est aussi pour le prône, dont elle est l'âme à cause de la grâce qu'elle attire; si le ministère pastoral se réduit à instruire, plaire et toucher, c'est par le prône que le pasteur obtient ce résultat. Et selon que le prêtre traite de tel ou tel sujet, il exige différentes règles que nous avons déjà établies. Ainsi, tout ce qui a été dit jusqu'à présent dans ce traité se rapporte au prône. Ajoutons seulement quelques détails :

Dans le prône, il n'y a ni texte ni exorde. On reprend en peu de mots ce qu'on a dit dans le dernier discours et on continue. Les divisions peuvent y être tolérées, mais n'y sont pas nécessaires; les prônes doivent être clairs; on y met des exhortations pressantes à se corriger, des détails de mœurs appliqués à l'auditoire, des narrations, des comparaisons. On se propose un but vers lequel tout converge. Le prône doit être l'épanouissement naturel et frais d'une idée, comme une rose est l'épanouissement du bouton, avec les nuances nécessaires et un grand parfum de piété. Le style ne peut être sous aucun prétexte *négligé, trivial;* on peut dire d'une manière digne les choses les plus vulgaires; il ne doit pas être non plus *recherché* ou *magnifique,* mais bien coulant et naturel; l'expression la plus juste, la plus naturelle est celle qui laisse luire dans toute sa plénitude l'idée cachée au fond. C'est une causerie grave et digne d'un prêtre avec les enfants de Dieu. Il y faut l'accent de la foi, le cœur, l'accent de la charité, des gestes simples et naturels ; rien de prodigieux dans la voix, dans l'action. On peut être assis et couvert.

On doit voir maintenant combien il est important de préparer son prône et quelle erreur déplorable est celle de ceux qui croient pouvoir se dispenser de le préparer. La briéveté ne saurait être trop recommandée. Un quart-d'heure suffit.

Si, dans toutes les chaires, on faisait des prônes dans ces conditions, nos églises seraient envahies et le bien se ferait avec le plus grand succès.

Homélie.

L'homélie est une explication simple et pieuse de l'Écriture, d'où l'on tire des réflexions morales pour l'édification des auditeurs.

L'homélie était très employée autrefois. Elle est plus facile que le simple prône, mais elle n'instruit pas aussi bien. On pourrait très bien l'employer, par exemple, si dans une paroisse on prêchait à deux messes. On peut encore s'en servir dans l'avent, le carême, etc., quand elle renferme quelque parabole importante de Notre-Seigneur.

Pour bien traiter l'homélie, il faut lire le texte sacré, noter les passages principaux, étudier les sens : littéral, moral, spirituel, les applications pratiques à faire et les exhortations à adresser par rapport au sujet.

Tantôt on peut réduire l'Écriture à une division méthodique, lorsque le texte en renferme une; tantôt on peut prendre deux textes, qui, quoique différents, sont assez importants pour exiger un développement assez étendu; tantôt on peut expliquer le texte tout entier, puis on expose les conséquences morales ou pratiques qui en découlent; tantôt enfin on explique tour à tour chaque phrase, en tirant de chacune des assertions et des moralités. Dans tous les cas c'est une bonne habitude de lire dans un livre l'évangile tout entier et de faire lever le peuple par respect pour écouter cette lecture.

Saint Ambroise, saint Grégoire, saint Chrysostôme sont des modéles d'homélies. On peut soi-même noter avec profit les réflexions produites par la lecture de la Bible.

Vu l'état du peuple, on lui est plus utile par un cours suivi de prônes (1).

Avis.

Les avis sont un puissant moyen de faire le bien; ils constituent un des principaux éléments de l'administration des paroisses. Le peuple les écoute avec attention.

En voici les règles :

Il faut les donner pour des objets qui en vaillent la peine. Il serait ridicule d'en donner pour des minuties. — On les donne quand il y a espoir qu'ils produiront du fruit. — On en mesure l'expression de telle sorte qu'ils soient justes, — exacts, — clairs. — On les accompagne de telles manières et précautions qu'ils soient écoutés avec plaisir. Ils ne doivent être ni trop courts, on n'aurait pas le temps de les saisir; ni trop longs,

(1) Voir à la fin note H.

ce serait un discours; appuyés de quelque bonne et énergique raison; opportuns, c'est-à-dire donnés au moment où ils sont nécessaires, et surtout au moment où l'on croit qu'ils seront le mieux reçus et où ils pourront être à l'instant même mis en pratique, et enfin quand l'occasion y donne lieu; peu fréquents, autrement on les a en coutume, et ils n'agissent plus. Ajoutons qu'ils ne doivent jamais rouler sur monsieur le curé, sur les scandales publics, sur des cancans, etc. Dans le doute, on doit toujours s'abstenir et consulter plus habile que soi (1). Quand ils ont réussi, on félicite le troupeau; si, au contraire, on ne se fâche pas, on cherche une cause à ce peu de succès.

Lectures.

C'est une bonne coutume durant l'avent, durant le carême, pendant les soirées du mois de Marie, de faire des lectures qui remplacent alors agréablement les instructions. Mais toute lecture doit être choisie.

(1) Voir à la fin note I.

Voici les conditions qu'elle doit réunir : elle doit être simple, claire, courte, adaptée aux besoins des auditeurs. On doit la faire d'un ton de voix naturel, posé, pénétré. Enfin on fait ressortir par des réflexions courtes et saillantes et par des applications pratiques ce qu'il y a de plus utile et de plus pratique. Une lecture ainsi bien faite et bien accompagnée aurait un intérêt réel et une incontestable autorité.

Le Catéchisme.

Le catéchisme à lui seul demanderait un traité particulier. Avec le prône, il compose la partie essentielle du ministère pastoral. C'est une instruction par demande et par réponse que l'on fait aux enfants. Rien n'égale son importance. C'est le catéchisme qui prend l'enfant, lui donne les premières impressions religieuses, lui donne les premières vérités et les premières notions du bien et du mal, et qui dépose en chaque homme ce germe qui refleurit tôt ou tard.

Que le catéchisme soit une grande fonction, la plus utile, la plus belle, personne ne le conteste. On sait ce qu'en a écrit Gerson. Ses sentiments sont connus et goûtés de tout pasteur. La jeunesse est le premier et le dernier amour du prêtre. C'est sur la pratique qu'il faut insister. Le premier point est d'attirer les enfants. Un excellent moyen pour y réussir, c'est d'aller dans les villages, de visiter les maisons et de caresser et d'accueillir avec bonté tous les enfants; c'est de s'arrêter avec ceux que l'on rencontre et de leur parler. Quand ils ont huit ans, et même avant cet âge, on les réclame, on leur fait promettre de venir. On a donc un catéchisme pour les tout petits enfants; là on leur apprend à faire le signe de la croix, on leur fait dire les prières et quelques mots de religion, peu chaque fois; on leur dit souvent d'être bien sages, d'aimer le bon Dieu, d'aimer leurs parents, d'être obéissants, et puis on les congédie, parce que pour eux la séance doit être courte. On a un second catéchisme pour les enfants plus avancés, qui ont de dix à treize ou quatorze ans. Ce sont ceux-là que l'on cultive avec zèle et affection. On les place, tant que faire se peut, sur un seul rang, les garçons à gauche, les filles à droite, le catéchiste se met en face: c'est sur lui que se porte l'attention du petit auditoire. On commence par faire la prière tout entière, on chante un cantique, ce qu'il ne faut jamais omettre; ensuite on pose une demande, que l'on fait bien comprendre aux enfants. *Voici, mes enfants, ce que l'on vous demande. Vous ne saurez pas y répondre, n'est-il pas vrai? eh bien, écoutez-moi, je vais vous faire la réponse...* On la lit quatre ou cinq fois, posément, clairement. (Nous supposons le cas si commun où le curé doit apprendre la lettre aussi.) *Mais que veut dire cela?* le voici. On explique chaque mot par des exemples, comparaisons; mais il ne faut pas exposer soi-même ces comparaisons; il faut par des demandes faire parler les enfants. Quand l'explication est donnée, vous dites : *Ainsi, vous comprenez tous;* et on reprend la réponse. Alors on la fait répéter à chacun successivement, l'aidant, l'encourageant, et prodiguant les très bien. Quand on a fait parler chaque garçon : voyons, tous les garçons à la fois. Et ainsi des filles. Puis on prend tel ou tel, au hazard, que l'on fait réciter. Dans chaque séance, on ne pourrait ainsi, on le voit, ne faire apprendre, en moyenne, que quatre ou cinq réponses; mais si ce travail est lent, il sera solide. Nous voudrions ensuite que le catéchiste eût des gravures représentant nos principaux dogmes. Les missels de Malines en ont pour les grandes fêtes; c'est par ce moyen qu'on frappe surtout les enfants. — Pour les sacrements, après avoir appris la lettre, on fait beaucoup de questions... des cas de conscience sur le baptême, sur la confession, pour dire ce qui est un péché, etc., et sur la communion : Est-ce un péché de faire ceci? cela? Et pour les commandements de Dieu, après avoir appris la lettre, la meilleure manière de les apprendre aux enfants des campagnes, c'est de procéder par demandes. Ex :

Un seul Dieu, etc... *Que faut-il faire le matin, après s'être levé? Sa prière. — Devant quoi faut-il faire sa prière? Devant un crucifix. — Comment faut-il se tenir? A genoux. — Faut-il tourner la tête? Non...* etc.

Le soir, que faut-il...? Sa prière. — Le bon Dieu est-il notre père? — Il faut donc lui souhaiter le bonjour? Oui. — Comment lui souhaite-t-on le bonsoir? En faisant sa prière. — Quand notre père nous dit quelque chose, que faut-il faire? Le croire. — S'il nous fait dire quelque chose par notre mère? Il faut le croire aussi. — Si le bon Dieu nous parle ou nous fait parler, que...? Il faut le croire aussi, etc., etc. Cela intéresse les enfants et leur grave dans l'âme la connaissance des commandements de Dieu.

Il est très bon, nécessaire, d'avoir de petites questions réservées. *Ecoutez,* M. E., je vais vous faire une demande, voyons si vous me répondrez, j'ai une médaille à donner à celui qui me répondra bien... On pose sa question... par exemple, dans l'Eucharistie, pourquoi sonne-t-on la grosse cloche à l'Élévation? etc., etc. Pour la prière, on fait réciter la lettre et on l'explique. Que le catéchiste soit donc zélé; qu'un catéchisme ainsi fait est intéressant pour celui qui le fait, et que les enfants y font de progrès! Il y a des paroisses où des enfants interrogés à deux reprises et assez longtemps par leur archevêque, n'avaient à se reprocher que d'avoir dit Monsieur pour Monseigneur. Que le catéchiste soit bon, qu'il aime les enfants, les interroge tous; qu'il ait des images, des gravures, des chapelets, des livres; qu'il fasse faire les génuflexions aux enfants, les révérences aux filles, et leur apprenne pratiquement à faire le signe de la croix et qu'il soit fort pour l'ordre; qu'il les confesse tous les mois avec toute la gravité et le respect et la bonté nécessaires. Nous avons vu des paroisses où de tout petits enfants soupiraient après le moment d'aller se confesser. Et pendant que l'on confesse, il faut être à même de surveiller les autres.

Tous les dimanches, après la grand'messe, si on le pouvait, il serait à propos de faire la récapitulation de toute la semaine.

On n'humilie pas les faibles, on les encourage, on les aide; on loue ceux qui savent, on fait compliments à leurs parents; on fait poindre de loin le grand jour de la première communion... On marque longtemps à l'avance ceux qui la doivent faire, on lit leurs noms en chaire. — Quand ce grand moment est arrivé, on fait une retraite de quelques jours et on donne à la sainte cérémonie tout l'éclat possible.

Que le catéchisme est beau ainsi fait, qu'il opère de bien !

Enfin, même dans les campagnes, on peut obtenir des enfants qu'ils reviennent à un catéchisme fait exprès pour eux, pendant un an au moins. On ne le fait que d'un quart-d'heure par dimanche.

On fait ensuite revenir les enfants pour communier ensemble aux grandes fêtes et ainsi s'établissent les bonnes habitudes.

Arrêtons-nous à ce mot. Peut-être plus tard aurons-nous le loisir d'écrire une méthode de catéchisme pour les enfants de la campagne, pour qui l'on n'a pas écrit ; chers enfants, à qui nous avons consacré une partie de notre ministère et à qui nous devons de bien douces jouissances.

Les Missions et Conférences.

Cet article n'entre que par accident dans notre cadre. Ce sont les religieux, les prêtrès missionnaires qui font habituellement les missions : ils ont leurs règles et leurs méthodes. Nous ne parlons que pour les pasteurs qui iraient chez des confrères prêcher quelques jours.

Ils doivent d'abord avoir un règlement de mission. Le matin, aussi tôt que possible, dans les campagnes, la prière, la méditation ou instruction du matin, la messe de la mission et les cantiques. — Si on le peut, on met vers neuf heures un exercice pour les enfants. Le soir on place les petites vêpres, suivies du sermon et de la bénédiction. Le reste du temps est consacré au bréviaire, aux confessions; on peut aussi faire la procession des enfants, etc., etc. Il faut de l'ordre dans les instructions, on peut traiter par exemple la grande question de la fin qui embrasse tout. L'homme est fait pour Dieu, — il s'éloigne de lui par le péché, — qui est terriblement jugé, — sévèrement puni, — il revient à Dieu par la bonté de Dieu qui l'appelle à la pénitence, qui le traite comme l'enfant prodigue, l'invite à la communion pourvu qu'il se repente, et lui promet de se donner à lui dans le ciel s'il persévère. Un bon exercice à placer dans la retraite c'est l'examen de conscience fait à plusieurs reprises.

Le missionnaire doit beaucoup prier, surtout la Vierge Marie; aller voir un peu dans les villages; si le curé ne l'a fait lui-même, il doit se consacrer corps et âme à ces grands exercices qui sont si utiles. Mais qu'on le remarque, les missions ne prennent bien que là où le ministère ordinaire a déjà fonctionné. Le pasteur est un missionnaire habituel qui, par son ministère, entretient ou prépare la mission.

Dans les missions se font aussi les conférences qu'il faut savoir employer. Dans telle paroisse elles ne seraient pas comprises ou le seraient mal; dans telle autre elles sont fort intéressantes. Quelquefois on les fait porter un peu sur le dogme, mais elles sont surtout utiles pour certains points de morale. Les conférenciers doivent se concerter, écrire leurs demandes et leurs réponses; il faut que l'opposant se rende toujours et remercie le prédicateur de l'avoir instruit.

Allocutions particulières.

Ce sont les discours que le pasteur se trouve avoir à faire à certains particuliers pour des circonstances données. Dans ce qu'ils ont de commun avec les matières indiquées dans ce traité, ces sujets particuliers en suivent les règles; le pasteur doit saisir à propos les circonstances et s'en servir pour rendre actuelles ses paroles. La dignité, la simplicité, la facilité en sont les conditions.

Tel est l'ensemble du ministère pastoral dans ses rapports avec la prédication. Nous l'avons esquissé à grands traits, écartant toujours les exemples et les citations des auteurs qui se pressaient devant nous. Nous n'avons voulu mettre que l'essentiel, laissant aux élèves et aux maîtres de revenir sur cette ébauche et de la compléter. Nous demandons d'y ajouter un mot sur l'improvisation, non pas pour encourager à improviser, mais pour montrer combien c'est chose difficile.

Improviser ne signifie pas du tout parler *ex abrupto* à tort et à travers, sans savoir ce que l'on dira ; improviser veut dire parler sur un thème général. Il faut donc indispensablement un cadre fait d'avance et sur lequel on parle, afin de s'éviter le besoin de le faire en parlant. Pour être capable d'improviser, il faut :

1° Une connaissance générale de la matière telle qu'elle est fournie par la préparation éloignée ;

2° Une connaissance sûre et pratique de sa langue et être à même de la parler correctement, en terminant chaque phrase et en donnant à chacune une irréprochable valeur grammaticale en donnant à chaque mot son sens juste ;

3° Il faut la mémoire qui rappelle les mots, les phrases, les tournures, leur enchaînement, et l'imagination qui déroule dans notre tête les images des idées, afin de les reproduire dans leur parfaite intégrité avec vivacité et justesse.

Que la réunion de ces conditions est rare ! et pourtant qu'il y a d'improvisateurs !

Les jeunes prêtres doivent écrire leurs prônes pendant fort longtemps : ceux qui ont la plus grande facilité pendant six ans, les autres dix, d'autres douze. Après ce temps, on peut se borner à écrire, mais à n'apprendre que les idées dans leur enchaînement, et enfin on peut, après un temps assez considérable, n'écrire que les idées, mais il faut toujours les écrire, quelque habitude que l'on ait. C'est le seul moyen d'éviter la routine et la longueur.

Voici les points importants de ce traité :

Le pasteur doit être en tout un homme d'ordre, il est ordonné : *omnia honestè et secundum ordinem fiant,* ordonné dans toute sa vie, dans *ses études,* dans ses exercices de piété. Il doit chaque semaine préparer son instruction, donnant une large place à la préparation divine, laquelle se fait à l'oraison, à la sainte Messe et à la visite au Saint-Sacrement. Il doit faire des prônes courts, — clairs, — simples, — touchants, — onctueux, — sur un cours suivi : heureux si, comme saint Liguori, il pouvait dire : « *Pour moi, je n'aurai pas à rendre compte à Dieu de mes sermons, car j'ai toujours prêché de manière à me faire comprendre de la bonne femme la plus simple et la plus grossière!* » Règle qu'un païen, que Quintilien établissait : « *Apud populum qui et pluribus constat indoctis, secundum communes magis intellectus loquendum.* » Il doit fuir le genre dogmatique et suivre un genre populaire, intéressant, animé, plein de conviction, de facilité et de charité et douceur : *instruite in spiritu lenitatis tanquàm si nutrix foveat filios suos.* Enfin, en parlant il doit parler, c'est-à-dire ne pas déclamer, ne pas prendre ce ton chantant, larmoyant qui est un fléau, mais causer avec son auditoire comme avec un seul homme. *Qui misericordiam habet docet et erudit, quasi pastor gregem suum.* (Eccl. XVIII. 13.)

FIN DE LA TROISIÈME PARTIE.

QUATRIÈME PARTIE.

PRATIQUE.

Dans cette quatrième partie notre but est d'indiquer les exemples que doit regarder le jeune élève ; de dire les sources où il doit puiser la science qui lui est nécessaire ; de lui tracer quelques plans de prônes plus ou moins garnis et des avis ; enfin de lui indiquer les rhétoriques sacrées qu'il peut lire avec fruit pour la science des règles.

I. — EXEMPLES.

Nous pensons que l'histoire de l'éloquence sacrée est un exemple universel du bon, du mauvais et du médiocre, qui s'est produit en cette matière. On pourrait donc parcourir cette histoire, prendre dans chaque auteur ce qu'il y a eu de mieux, le lire et s'en pénétrer. Disons un mot très rapide de l'histoire de l'éloquence sacrée :

Nous voyons d'abord Notre-Seigneur. On ne remarque pas assez la beauté même humaine de la parole de ce divin maître. On y trouve un charme, une onction, une grâce, une autorité vraiment remarquables. C'est un modèle parfait : on ne peut trop l'étudier. La parole des Apôtres est encore un intéressant modèle. Citons surtout la parole de saint Paul, qu'elle est admirable ! Nous croyons ce que dit saint Jean-Chrysostôme, que saint Paul fit plus de conversions par la puissance de ses discours que par l'autorité de ses miracles. C'est le type de l'orateur.

Vint ensuite la persécution, la parole descendit avec les évêques dans les catacombes ; qu'elle devait être belle cette éloquence des pontifes parlant sur les tombeaux, entre les morts de la veille et les combats du lendemain, parlant à des hommes qui bientôt allaient tomber sous le glaive! Vinrent ensuite les saints Pères : c'était un phénomène bien étonnant que ce genre de parole, réunissant les charmes de l'éloquence humaine et y ajoutant toutes les grandeurs de la lumière surnaturelle. Elle réfutait le paganisme dans d'admirables apologies, par les Justin et les Tertullien; elle montait en chaire et enseignait, par les Clément d'Alexandrie, les Origène, les Pantène; elle se pliait à tous les genres dans ces Pères du IVe siècle, tous grands, tous sortis de la sève qui caractérise l'heureuse fécondité de cette époque : saint Basile, grave, sentencieux, nourri de l'Évangile, doux, fort et énergique dans sa composition, et plein de la connaissance du cœur humain; saint Grégoire de Nazianze, qui accorde un peu plus à la délicatesse du siècle, aussi est-il plus brillant dans ses pensées, plus riche dans ses expressions, plus élégant, plus subtil, plus ingénieux; saint Jean-Chrysostôme, le roi des orateurs par l'élévation de ses pensées, la richesse de son élocution, l'abondance de ses images, la force et la rapidité de son style. Les Pères de l'Église Latine sont inférieurs et se ressentent des malheurs de l'Occident : Tertullien a des idées grandes, des sentiments romains et énergiques, mais il est exagéré, dangereux peut-être et trop métaphorique; saint Cyprien a d'étincelantes beautés; saint Ambroise est doux, grave, noble, quelquefois trop subtil, trop recherché dans ses métaphores et ses allégories; saint Augustin, le plus complet des Pères, est admirable pour la beauté, l'élévation, la pénétration des idées : son style est trop systématique, trop plein d'antithèses; saint Léon, pape, saint Grégoire-le-Grand ont excellé dans l'homélie; le vénérable Bède nous en a laissé de précieuses qui étaient populaires dans l'Église. Ces Pères latins florissaient du IIIe au VIe siècle. Vers le VIIIe commencent les missions en Allemagne, en Danemarck. Apparaît saint Grégoire VII, qui avait une grâce et une facilité admirables de parole. C'était au XIe. Au XIIe ou à peu près, la foi de Pierre l'Hermite remua l'Europe; saint Bernard continua ses succès, il fut éloquent : pour dire les mystères de Dieu, il fit entendre la langue des

Ambroise et des Augustin, toute trempée au feu des Écritures ; au XIIIe vinrent les ordres mendiants, à la parole si vive et si triomphante ; mais la scholastique était déjà montée en chaire. On était partagé à l'infini, on traitait une foule de détails de métaphysique, de grammaire, de philosophie. Il y avait une fausse érudition et un grand mauvais goût : cela dura jusqu'au XVIe siècle. « *Ils commencent,* dit Érasme, *par une exorde sans liaison avec le sujet. Par exemple ont-ils à prêcher sur la charité, sur le mystère de la croix... les voilà qui nous font la description du fleuve du Nil, de l'idole de Bélus, des douze signes du zodiaque, de la quadrature du cercle. Ils regardent comme admirable de hérisser leurs discours de phrases grecques qui arrivent on ne sait comment et font de leurs discours des mosaïques, puis de grands mots scientifiques pour jeter de la poudre aux yeux. Ceux qui y comprennent quelque chose sont émerveillés de leur propre science.* » Ces paroles sont un tableau de l'éloquence du temps. Cela dura pendant les XIVe, XVe et XVIe siècles. Clémengis, Pierre d'Ailli, Gerson furent hors ligne, tout en payant en quelque manière le tribut à leur siècle. A la fin du XVIe, la politique, les passions religieuses se mêlaient à la parole sainte. On connaît les sermons des ligueurs. Au XVIIe siècle, saint François de Sales fut beaucoup plus correct que ses devanciers. Ses sermons n'étaient que des plans qu'il garnissait en chaire. Il y a de la richesse, de l'abondance, de l'imagination, une grâce naïve qui charme, une onction qui pénètre, une douceur irrésistible : c'est un bon maître. Lisez sa lettre à l'archevêque de Bourges sur la prédication. Le P. Camus a bien du mauvais goût; le cardinal Richelieu, grand politique, était aussi théologien et bon prédicateur; le P. Lingende était un des premiers prédicateurs de sa compagnie avant le P. Bourdaloue, il chassa les pointes, les bouffonneries, les trivialités, mais il garda les citations profanes et les formes scholastiques : il avait trop d'action. Le P. Le Tourneux faisait courir parce qu'il prêchait l'Évangile; le P. André, augustin, se permettait bien des plaisanteries; le P. Sénault voulait réformer la chaire, il avait beaucoup de mauvais goût; le P. Lejeune, le premier orateur du second ordre, abondant, onctueux, plus instruit, faisait un traité pour un sermon; il y a des quatre parties et une foule de subdivisions et une immense érudition : on peut le consulter avec grand profit. Le P. de la Colomberie peut aussi être fort utile : il est tendre, affectueux, chaleureux, il a de la grâce et du naturel; le P. Chéminais, qui avait de l'onction, aurait fait un prédicateur illustre sans ses infirmités et une mort prématurée; Mgr Le Boux, évêque de Périgueux, dégagea la chaire de l'appareil pesant de la scholastique et écrivit deux volumes de bons sermons. Il suffit de nommer Bossuet; ses sermons mêmes sont une mine très féconde. Bourdaloue était éloquent à force de raison; on le connaît assez. Massillon parlait au cœur et possédait un charme ravissant de langage; Fénélon connaissait admirablement l'antiquité, il ravissait l'esprit et le cœur de ses auditeurs par l'onction et l'harmonie de ses discours; Fléchier avait des pensées ingénieuses, de la pompe dans le langage, mais des déclamations, des antithèses à profusion; le P. de la Rue était remarquable par son débit et les traits improvisés qui lui échappaient; le P. Soanen, dont Fénélon disait : « *Il me plaît d'autant mieux qu'il prêche comme chacun croirait pouvoir prêcher.* » Tels furent les oracles de cette grande époque qui fixa la langue et éleva à son apogée l'éloquence de la chaire. Le XVIIIe fut en tout un siècle d'affaiblissement : il n'y eut pas de prédicateurs extraordinaires. Quelques-uns ne prêchèrent que la morale des païens; d'autres traitaient philosophiquement des sujets chrétiens. On ne nommait pas Jésus-Christ; Dieu n'était que l'Être éternel, suprême, etc., etc. Il y eut deux classes d'orateurs opposés. Parmi les moins faibles, on cite le P. Neuville, Lenfant, Le Chapelain, le P. de Beauregard, Bridaine, à l'éloquence impétueuse, spontanée et populaire, pleine de mouvements incohérents, mais de frappantes images, de traits heureux; l'abbé Poulle, Cambacérès qui attaque l'incrédulité moderne. L'abbé Poulle, Cambacérès et Bridaine peuvent servir. Maury brûla ses sermons qui étaient trop philosophiques; il est trop académique et pas assez chrétien. Après la révolution ont paru M. de Bologne, qui a du bon, mais qui n'est pas toujours très sûr pour le bon goût; M. Mac-Carthy à la parole si belle; Frayssinous, Lacordaire, le P. de Ravignan, qui ont excellé dans le genre des Conférences; le P. Ventura, dont la parole savante retentit encore.

Cette étude devrait consister à connaître les beautés de ces auteurs et aboutir à nous procurer comme utiles les ouvrages des principaux. Nous croyons qu'en ayant saint Augustin, saint Jean-Chrysostôme, saint Grégoire, saint Bernard, le P. Lingende, Bossuet, Massillon, Bourdaloue, le P. Lejeune et nos modernes, on aurait ce qu'il y a de plus utile.

On a remarqué que nous avons cité Tertullien, quoiqu'il ne fût pas orateur, à cause de sa parole écrite; nous aurions pu citer également saint Jérôme, saint Hilaire, etc. : leurs œuvres sont comme des discours écrits.

On pourrait prendre, pour en faire la critique, quelques pages des auteurs tout à fait secondaires, et avec plus de succès on devrait s'attacher à faire ressortir les beautés des grands maîtres.

Ainsi envisagée, l'histoire de la prédication devient elle-même une source de prédication. On y trouve évidemment tous les genres que comprend l'éloquence sacrée. La plupart des Pères, Bossuet, Massillon, Bourdaloue, etc., sont des modèles de sermons. Dans saint Cyprien, dans saint Bazile, dans saint Grégoire de Nazianze, dans saint Jean Chrysostôme, dans saint Augustin, on trouve des panégyriques. On en rencontre aussi dans Bossuet, dans Fléchier, dans Bourdaloue, la Rue, etc. Pour ce qui est des éloges funèbres, on trouve de beaux morceaux dans saint Ambroise, dans saint Bernard. Bossuet est un modèle en ce genre.

Pour bien profiter de la lecture d'un discours, il faut le lire attentivement, l'analyser par écrit, voir dans cette analyse les parties qu'elle contient, examiner la justesse de l'ensemble, le vrai, le naturel, le beau et le développement de chaque partie, les liaisons et les transitions des parties entre elles et ainsi recomposer le discours après l'avoir analysé.

Dans certains discours on trouve deux exordes, l'un conduisant à l'*Ave Maria*, l'autre à la division. Aujourd'hui on n'en emploie qu'un seul.

Achevons de compléter notre idée en disant comment on compose un sermon. Avant tout, il faut choisir son sujet et le bien définir. On cherche les idées, on approfondit son thême; ce travail de méditation achevé, on divise et subdivise, mais toujours de manière à garder l'unité, qui en toute chose est la loi fondamentale. Pour garder comme il convient cette unité, il faut se proposer un but fixe, ramener à ce but toutes ses pensées en les liant et les coordonnant entre elles. Il faut ensuite se rappeler les règles de rhétorique qui régissent tous les discours; celles de l'éloquence sacrée en tant qu'elles apprennent à traiter, soit les vérités dogmatiques, soit la morale, soit les mystères, etc. Quand le sujet est bien mûr, on l'écrit. Le style du sermon doit être noble, élevé, toujours clair, plein de chaleur et de vie. Il faut prier quand on compose un sermon, car ce n'est pas une œuvre purement littéraire. On prie avant de le composer, en le composant, avant de monter en chaire, où, par respect pour la parole de Dieu, on cherche à réaliser de son mieux les règles de l'action, après en être descendu afin que la divine semence germe dans tous les cœurs. C'est une excellente précaution que de noter de suite les corrections à faire par suite des imperfections qu'on a remarquées dans le débit.

Voilà les précautions à prendre pour une composition religieuse. Si, voulant aller jusqu'au bout de cette pensée, nous considérions l'état de prédicateur dans son sens élevé, nous dirions que nul ne doit y entrer ni espérer y réussir, s'il n'a la pureté d'intention qui fait chercher uniquement la gloire de Dieu dans le salut des âmes, le zèle qui fait qu'on ne néglige rien pour procurer ce but, *impendam impendar ipse pro animabus,* l'esprit d'oraison qui seul constitue le prédicateur, la science des matières ecclésiastiques et le talent de la chaire dont le bon sens est la plus grande partie. Ce n'est pas tout. Quiconque est entré dans cette carrière a contracté l'obligation rigoureuse de cultiver et de faire fructifier son talent par les exercices de piété, par une vie sainte et par l'étude assidue des modèles et des sources. *Domine, quinque talenta tradidisti mihi, ecce alia quinque superlucratus sum.*

On a fait, sous le titre de *Répertoire*, de *Bibliothèque des prédicateurs*, d'*Année évangélique*, etc., des extraits des principaux orateurs, tout cela peut être fort utile. Mais on ne doit s'en servir qu'à la condition qu'on s'appropriera ce travail et ces idées étrangères par un travail propre de réflexion et de style. C'est un genre déplorable que celui qui consiste à faire d'un discours comme une mosaïque, comme une réunion de morceaux hétérogènes et mal joints. L'unité, la fusion, la fraîcheur de la vie et la spontanéité sont la loi des discours, et on ne les obtient que lorsqu'on fait soi-même son discours.

Nous avons dit l'histoire de l'éloquence et le moyen d'en profiter en tant que source de prédication. Disons les sources de la science du prédicateur.

II. — SOURCES DE LA SCIENCE DU PRÉDICATEUR.

L'histoire de l'éloquence nous a montré la prédication toute préparée. Le pasteur peut puiser lui aussi à cette source. Mais il a une obligation générale d'étudier constamment et d'une manière éloignée les principes de la prédication, et une autre particulière, de consulter spécialement pour chaque discours en particulier.

Pour l'Écriture sainte, il fera bien de lire tous les jours plusieurs chapitres; la Bible d'Allioli nous paraît la plus authentique. Quand il voudra bien approfondir un texte, Corneille à la Pierre nous semble l'un des plus riches commentateurs.

Pour ce qui est des Pères, il serait très avantageux d'avoir les discours de saint Jean Chrysostôme, ceux de saint Augustin, ses traités si admirables sur saint Jean, les travaux de saint Bernard, les homélies surtout du pape saint Grégoire. On pourrait tour à tour lire un de ces Pères. Rien n'empêcherait de les consulter sur tel ou tel passage, ce qui n'empêcherait d'en avoir un pour thême favori de ses lectures habituelles.

Pour la théologie ordinaire, on s'attache à lire tous les jours un certain nombre de pages d'un des auteurs élémentaires. Mais dans ces auteurs on n'obtiendra jamais la grande et véritable théologie. Il faut donc en venir à saint Thomas et en faire l'auteur de toute sa vie. Nous en parlons en vue de la prédication. Voici le profit qu'en retirera le pasteur. Pour la morale, dans la 2e de la 2e, il trouvera un chef d'œuvre, un exposé magnifique du monde moral, une connaissance parfaite des vertus et des vices analysés jusqu'en leurs moindres détails. Pour le dogme, outre la connaissance de la vérité elle-même, il y rencontrera toutes les harmonies de la vérité, c'est-à-dire tout ce qui l'explique, la rend belle, touchante, vive, raisonnable et agréable, et aujourd'hui c'est par ce côté qu'il faut prendre les hommes pour les ramener à la vérité. Le retour qui se fait aujourd'hui vers l'étude de saint Thomas aménera une grande amélioration dans la chaire.

Mais ce n'est pas assez de connaître en théorie la vérité et les lois du monde moral, il faut surtout les connaître dans les hommes par une science intime et pratique; il faut surtout connaître les maximes de la théologie, qui consiste en la direction des âmes, on en trouvera les secrets dans les auteurs de la Vie spirituelle; le Père saint Jure *(Connaissance de Jésus-Christ, l'Homme spirituel,* etc.); le Père Rodriguez, ou l'auteur classique de la Perfection chrétienne; le Père Nepveu, le Père Judde, Guilloré, le Père Grenade surtout; saint François de Sales *(Introduction à la vie dévote, Amour de Dieu, Entretiens,* etc.); sainte Thérèse, etc.; le Père Dupont, Beuvelet, Kroust, Monseigneur Scotti, etc., peuvent servir pour l'oraison. Il y a aussi *saint Thomas en méditation.* Il est peu utile de faire des catalogues très détaillés, rien n'est plus facile aujourd'hui que de connaître les auteurs et les ouvrages qu'ils ont donnés.

L'histoire des saints est la vie spirituelle

en pratique. Elle est aussi d'une grande utilité pour enrichir les discours et baser les panégyriques. Nous avons d'excellentes vies de saints. En fait de collections, nous avons celle de Ribadeneira et celle de Godescard; dans celle-ci, il y a peu de ce divin, de ce surnaturel qui forme comme l'auréole de la céleste histoire des amis du Seigneur.

Ecriture sainte, théologie, théologie spirituelle, histoire des saints, tels sont les éléments de l'étude de tout prêtre.

Il faudrait ensuite que chaque pasteur eût dans lui un cadre complet et universel de chaque branche de la science ecclésiastique. Nous avons essayé d'en donner un pour la théologie. Essayons d'en donner un pour la vie spirituelle. En voici les principaux points : — Détruire le péché qui tue l'âme, en retrancher les occasions par la mortification qui sépare de la créature en tant que nuisible, humilité qui détruit dans l'homme l'amour si dangereux de soi, science des tentations qui sont un danger et peuvent être un profit, union à Dieu, vie de l'âme par les sacrements, l'oraison, les oraisons jaculatoires, l'examen particulier et l'habitude de lui offrir toutes ses actions, par l'union intime avec Jésus-Christ dans les mystères présentés par la sainte Eglise, lesquels sont une source de lumières et de progrès intérieurs, tout cela exigeant absolument une vie réglée dont la base soit l'accomplissement fidèle des devoirs d'état; crainte du péché véniel, qui produit la tiédeur ou refroidissement et constitue le plus grand écueil de la vie de charité. Ici s'ajoute la connaissance des devoirs d'état, des obligations des enfants, des parents, des magistrats, des maîtres, etc., etc.. et de toute la morale qui, d'un côté, se rattache à la science spirituelle, et de l'autre à la prédication dont elle est toujours le fruit, et qu'elle peut rendre si intéressante.

Avec les principaux articles de théologie et de morale, qu'il ne doit jamais perdre de vue, tout pasteur doit avoir une connaissance des topiques, afin qu'il soit toujours à même de composer facilement un discours. Ces lieux communs sont les suivants : — D'abord *définissez* ce dont vous voulez parler; quand la définition est donnée, *montrez-en l'importance* en considérant votre sujet en lui-même, par rapport au ciel, par rapport à l'homme. — *Donnez les preuves* nécessaires selon la question actuelle. — *Comparez* votre sujet, cherchez des comparaisons. — *Appliquez*-le à l'auditoire. — *Résolvez les difficultés*. — Enfin engagez vos auditeurs à le mettre en pratique. Pour cela faites valoir les motifs, les moyens, la beauté, la facilité, l'utilité, etc. Evidemment tout sujet se réduit là. Ayant à parler sur n'importe quel sujet, de suite appliquez lui ces lieux communs :

Définition, — importance, — preuves, — comparaisons, — application, — solution des difficultés, — exhortations à agir, — motifs, — moyens, — beauté, — facilité, — intérêt.

Outre cette connaissance continuelle de ces répertoires communs, le pasteur doit avoir un certain nombre de comparaisons tirées de toutes les positions et de tous les ordres d'idées, afin de les appliquer selon les circonstances et les auditeurs. Mais les plus belles, à coup sûr, les plus riches et les plus fécondes sont celles qui sont tirées de la nature. Les Pères en sont remplis et l'Écriture en abonde. Rien n'est sans voix dans la nature, tout y est ombre et image; l'unité étant le cachet des œuvres de Dieu, vous trouverez partout les mêmes lois réalisées. Le monde surnaturel se réflète dans le monde moral, et celui-ci a un écho, une ombre dans la magie pourtant affaiblie de l'univers. *Invisibilia ejus per ea quæ facta sunt intellecta conspiciuntur*. Ce sont surtout les idées les plus hautes qu'il faut rendre sensibles par des comparaisons. La grâce, par exemple, ce principe si subtil, si relevé, sera comparée au feu. L'âme en état de péché, est comme un charbon, noire et souillée comme lui. Jetez ce charbon dans un foyer ardent, voyez-le, il s'enflamme, le feu le pénètre, il devient feu lui aussi. Ainsi l'âme que le péché avait noircie, avait souillée, devient pure, vive, blanche quand la grâce la pénètre comme un feu divin. Mais que cette âme pure et brillante tombe dans le péché, elle redevient sale et noircie comme ce feu que vous plongez dans la boue. Elle perd sa beauté, son éclat, sa vie; ce n'est plus, dit le prophète, *qu'un tison fumant* et empoisonné. L'ubiquité de Dieu peut être en quelque manière rendue sensible par la comparaison de l'air. L'air est partout. Allez au haut d'une montagne, descendez dans les vallées, que l'oiseau prenne son vol et traverse les mers, partout l'air... Ainsi est Dieu... *Si je monte,* disait le prophète, *dans les hauteurs des cieux,* etc... De là vient que Dieu sait tout, puisqu'il est partout... On pourrait trouver dans le feu quelqu'image de la Trinité,... voyez cette flamme, elle existe... c'est le Père qui existe de toute éternité... Dans cette flamme, voyez la lumière, elle éclaire, c'est le Fils... Voyez aussi la chaleur, c'est le Saint-Esprit... Ainsi, dit saint Paul, *notre Dieu est un feu consumant,* etc... Il est bien entendu que toutes ces comparaisons ont un côté défectueux et qu'il ne faut pas les étendre au-delà du point de rapport.

Enfin le prédicateur doit toujours avoir dans l'esprit la réunion des principaux motifs par lesquels on peut exciter à la contrition, à l'amour de Dieu, à la crainte de l'enfer, au désir du paradis, à la charité, etc., etc.

Les limites fixées ne permettent pas de développer davantage ces idées. Résumons-les. La vie de tout prêtre doit être une vie de règle et une vie d'étude embrassant dans son cours l'Écriture sainte, la théologie, les pieux auteurs et l'histoire de l'Église; outre cette étude habituelle et générale, il fait une étude actuelle et particulière et prochaine pour chaque sujet donné. Avec les trésors renfermés dans ses livres, il a dans sa tête un répertoire toujours fourni; il a, comme dans un cadre toujours présent, la série des vérités dogmatiques, morales et spirituelles, un recueil de comparaisons et de mobiles pour éclairer et mouvoir les âmes, et un canevas toujours prêt, s'adaptant à tout sujet pour en régler la forme et la suite.

III. — ESSAIS SUR LES AVIS, PRÔNES, HOMÉLIES ET PANÉGYRIQUES.

Les préceptes servent peu si on ne les enseigne pratiquement. C'est pourquoi, après avoir exposé les préceptes qui régissent le ministère pastoral, essayons de les appliquer. Loin de nous la pensée de donner ces essais comme des modèles. La théorie est toujours plus facile de la pratique.

Parlons des avis, — des prônes, — des homélies, — des panégyriques.

1. *Avis.*

Sans revenir sur les règles données pour les avis, disons qu'ils peuvent avoir pour objet ou l'annonce des différentes fêtes et saisons de l'année ecclésiastique ou les différents événements ordinaires et extraordinaires qui se succèdent dans la paroisse.

1. Rien de plus profitable que de bien annoncer aux fidèles les diverses époques de l'année liturgique. Les ouvrages les plus propres à cela sont : l'*Année liturgique,* du R. P. Dom Guéranger; les *Fêtes chrétiennes* de M. Gosselin, le t. 2 de la Méthode de direction de Besançon, le *Monita ad parochos* de Sœtler, opuscule admirable.

Pour l'Avent, on l'annonce comme un temps sacré de recueillement et de prière. Il est consacré à l'Incarnation du Fils de Dieu. Misère profonde où l'homme était tombé, misère qui s'était accrue pendant les quatre mille ans figurés par les quatre semaines, de toutes les fautes des hommes. Bonté immense du Verbe qui, touché de compassion, vient à nous comme un riche vient dans un cachot se mettre avec le pauvre prisonnier pour le soulager et le délivrer. Remercîments à Notre-Seigneur pour cette bonté. De là joie et tristesse de l'Église. *Violet*, couleur de pénitence ; *alleluia*, chant de joie. Assiduité aux offices, à la prédication, préparation à la communion de Noël, afin que Notre-Seigneur vienne produire en nous les effets qu'il produisit sur la terre par sa naissance, etc., etc.

VIII. Décembre. Notre-Dame-des-Avents. Chaque mois a une fête de la sainte Vierge. Décembre est un des mieux partagés. Tout homme apporte en naissance un péché que pour cela on appelle péché d'origine, de race. La mère de Dieu ne pouvait pas l'avoir ni être esclave du démon. C'est notre foi et l'objet de cette fête. Appel aux personnes pieuses. Appel à la pureté la plus complète. Confiance en l'Immaculée Conception, qui sera le salut de la France et du monde. Exciter une vive dévotion à Marie.

Quinze jours avant Noël : Je vous annonce, M. F., une nouvelle qui sera pour vous le sujet d'une grande joie. Tel jour nous célébrerons la grande, l'admirable fête de Noël. Je vous l'annonce quinze jours à l'avance, afin que vous soyez bien avertis et que vous vous prépariez à la célébrer avec joie, car c'est le jour où le fils de Dieu, Notre-Seigneur Jésus-Christ, est venu se faire homme et naître dans une étable pour vous ; avec remerciement, car si nous devons remercier ceux qui nous font du bien, dites, comment pourrons-nous assez remercier ce cher Sauveur qui se donne tant de peine pour nous ? avec enthousiasme. Venez tous ce jour-là, c'est une bonne fête, c'est la fête de tous, venez tous ; — enfin préparez-vous à la célébrer par une bonne confession, c'est ce que vous demande par ma bouche Notre-Seigneur Jésus-Christ. Je confesserai les hommes à telle heure... Le reste du temps sera consacré... etc.

Dans la morale que l'on fait dans ces confessions, il faut dire en peu de mots, mais énergiques, l'objet de la fête : *Voyez, mon ami, combien le bon Dieu vous aime. C'est pour vous qu'il est venu sur cette terre. Il est né sur un peu de paille pour vous, qu'il est bon! Et vous n'y pensez pas! et vous l'avez bien offensé! Allons, mon ami, revenez, et dites avec moi : Mon Dieu, vous qui êtes né pour moi dans une étable, vous qui m'avez tant aimé, je vous remercie, je vous demande,* etc...

Ensuite on insiste le dimanche qui précède la fête, et la fête arrivée on ne néglige rien, on parle souvent sans longueur. A minuit d'abord. Le pasteur qui voit son église pleine, les communions, n'a pas besoin qu'on lui trace de plan. L'heure, la crèche, les bergers, Marie, Joseph, l'enfant, la paille; la joie, l'amour, la préparation, tout se présente à lui.

A la communion il peut faire, surtout dans les campagnes, les actes avant et après la communion en faisant communier à ce mystère... *Mon Dieu, venez dans mon cœur, vous qui êtes né dans une étable. Que mon cœur ne soit pas une étable. Purifiez-le d'avance, venez-y, Seigneur, je vous désire; sans vous je suis pauvre, aveugle et faible comme étaient les hommes avant que vous vinssiez sur la terre. Venez naître dans mon âme, éclairez-la, réchauffez-la comme dans votre naissance vous avez éclairé et réchauffé le monde. Venez me donner l'amour de la pauvreté, l'esprit de patience dans mes souffrances, vous qui avez été pauvre en naissant sur de la paille et qui avez tant souffert. Venez me donner votre amour. Que je vous aime, mon Dieu, vous qui m'avez tant aimé!* etc., etc.

Et dans l'action de grâces... à l'acte de remerciement : *Je vous remercie, mon Dieu, de ce que vous vous êtes donné à moi dans la sainte communion. Je vous remercie aussi de ce qu'aujourd'hui vous avez, dans l'excès de l'amour le plus prodigieux, daigné naître dans une étable pour l'amour de nous! Que vous êtes bon, Seigneur. Je vous en remercie pour moi, pour ma famille et pour toute la paroisse,* etc.

A l'acte de demande on fait demander la souffrance, l'action et l'amour de la pauvreté... et l'amour de Jésus-Christ enfant, etc., et les autres grâces du mystère.

Le soir, à vêpres, on reprend toute la fête... on complète les discours du matin et on encourage à la persévérance ceux qui sont venus, on fait appel à ceux qui ont manqué.

Que j'étais heureux, mes frères, que Notre-Seigneur était heureux de voir tant de communions! Que c'était beau! que c'était admirable! Oh! M. F.; vous qui avez communié, que vous êtes contents! n'est-il pas vrai que votre cœur est bien tranquille?... Et vous, M. F., qui n'êtes pas venus, n'est-ce pas que vous voulez venir, qu'aux Pâques prochaines votre intention est de vous rendre à votre Dieu qui vous appelle?... Écoutez-le, il vous parle, il vous crie... Oh! j'en suis sûr, vous viendrez. Vous n'êtes pas heureux restant comme vous êtes... Pourquoi ne feriez-vous pas comme vos parents, vos amis... Voyez qu'ils sont en paix... etc., etc. *Que je serais content de voir toute la paroisse réunie!...*

I. Janv. On souhaite la bonne année à la paroisse. Coup-d'œil sur l'année passée. Les morts. Que sera la prochaine? Il y aura encore des morts. Elle passera comme l'autre. Emploi du temps. Discours sincères aux pères, aux mères, aux pécheurs, etc., etc.

VI. *L'Épiphanie.*—Les mages, étoile, adoration, notre vocation à la foi, grandeur de ce bienfait : la foi et la lumière qui courent au ciel à travers l'obscurité et les dangers de ce monde. Tous ne l'ont pas. Il y a des sauvages qui sont dans des abîmes, erreur. Et nous, remercions Dieu, étudíons, augmentons la foi, donnons-la à nos enfants.

Carême. — Temps de pénitence, de jeûne, de prières. Il y a prière tous les soirs, prédications plus fréquentes. Nous avons péché, il faut se punir... Tous les peuples ont eu cette loi... Souffrons un peu... Dispense pour ceux qui ne peuvent pas, car l'Église est une bonne mère... Pénitence facile aux habitants de la campagne. Offrir leurs travaux à Dieu : prier, venir aux offices..., etc.

Ouverture des Pâques... Le Saint-Sacrement est notre vie, notre force ; il ne faudrait pas nous commander de venir le recevoir. Que l'homme est pauvre! Jésus-Christ l'appelle, et il ne vient pas. Il a fallu que l'on ordonnât, sous peine de péché mortel, de venir faire la communion...Voici ce temps arrivé... Vous devez, en conscience, sous peine de désobéir... Vous viendrez tous... Vous avez tant de semaines... Vous viendrez, je connais votre foi, votre cœur, vous avez de l'instruction... Et pourquoi ne viendriez-vous pas?... N'êtes-vous pas... Et qui peut vous soulager..., etc., etc. Pour la confession, je comprends que vous pourriez être gênés avec moi. Je vous autorise à vous adresser à qui vous voudrez, je prierai même mes confrères de venir dans cette église pour vous entendre. Oh! chers F., tout ce que je désire, c'est que vous remplissiez bien votre devoir, ce devoir sacré de la Pâque!

Dans le carême on fait la prière publique le soir, on fait des lectures, et les instructions des dimanches roulent sur des sujets de morale, sur la confession, la communion, etc., etc... C'est le temps sacré où un pasteur est tout entier au soin d'augmenter et de bien faire les communions pascales. C'est le temps où on célèbre les fêtes sacrées de la mort et de la résurrection de Jésus-Christ. Il peut, s'il le veut, en redoublant ses jeûnes, ses prières, appliquer à sa paroisse ces mystères de renouvellement.

Nous ne voulons pas prolonger ces modèles d'avis. Nous ne dirons qu'un mot de la fête du patron. Saint François de Sales avait une dévotion particulière à l'Ange protecteur de son diocèse, de même le pasteur doit avoir une vénération, un culte particulier pour le saint protecteur de sa paroisse. Il doit l'invoquer tout le cours de l'année aux suffrages de l'office; annoncer sa fête et l'expliquer au peuple : tout ce qu'on peut en dire se réduit à ces deux idées : patron signifie modèle et protecteur.

Heureux le prêtre qui connaissant bien la liturgie saura l'expliquer à son peuple, lui faire goûter et la vérité et les grâces qu'elle renferme (1)!

(1) La librairie Vivès met sous presse un *Cours de théologie*, qui sera pour les pasteurs d'une réelle utilité. Ils y

2. Outre ces avis périodiques, il en est d'autres qui sont moins réguliers. Pour les bien donner, on s'attache aux règles déjà établies et on saisit de plus ce qu'il y a d'intérêt, d'émouvant, de profitable dans l'événement. Citons des exemples.

Une maladie cruelle ravage la paroisse. Le pasteur engage ses paroissiens à s'humilier sous la main toute-puissante du Seigneur, à rentrer en eux-mêmes, à reconnaître qu'ils sont frappés pour leurs fautes, à apaiser par le changement de vie et par des prières le courroux du ciel. Il leur montre par la tendresse de ses accents qu'il souffre de toutes leurs alarmes et de tous leurs malheurs. Il prie pour eux, se met à leur disposition; les engage à employer tous les moyens humains, etc., etc.

A l'annonce de l'arrivée de l'Évêque, il

trouveront toutes les règles du culte divin, et, de plus, toutes les explications morales, doctrinales et symboliques des rites sacrés. Cet ouvrage leur servira de cérémonial et en même temps il leur servira pour l'explication de toute la liturgie, qui jusqu'à présent a été pour le peuple un livre fermé.

leur présente cette arrivée comme un grand événement, explique la haute autorité de l'Évêque, le but de sa visite, comment il doit être reçu, le bien qu'il espère, etc.

Le dimanche d'après il revient sur cette visite, rappelle à ses paroissiens les enseignements qui leur ont été donnés et l'accord qu'il y a entre sa doctrine et celle du pasteur du diocèse.

Au temps des récoltes, il rappelle qu'il ne faut pas travailler; que s'il y a urgence on doit venir avertir; si l'année est abondante, il engage ses paroissiens à remercier Dieu, à le servir avec plus de fidélité que jamais. S'il y a des fléaux, il cherche à en tirer le profit de ses paroissiens. *Omnia cooperantur in bonum.*

L'annonce de la première communion peut être matière d'un excellent avis. On en fait part à la paroisse comme d'un événement très important : c'est un jour de joie pour tout le monde : pour les enfants, pour le pasteur, pour les parents; pour ceux qui ont rempli ce devoir sacré, ce souvenir leur rappelle de vives émotions; pour ceux qui ne l'ont pas rempli ou qui l'ayant rempli l'ont depuis abandonné, ce mot les engage à venir au Dieu qui a réjoui leur jeunesse, qui ne refuse jamais d'accueillir qui vient à lui... On choisit le temps propre à en faire une fête de paroisse à laquelle on invite pour la communion et les parents et les premières communions de l'année précédente.

En un mot, c'est par ces avis tant ordinaires qu'extraordinaires que s'opère l'administration de la paroisse. Il est très important de les prévoir et de les bien dire. Ajoutons que l'on répète deux ou trois fois la phrase où il est question de marquer un jour, une heure. Mardi à huit heures... Mardi à huit heures. Et à la fin on reprend encore en disant : ainsi vous m'avez tous compris ; mardi à huit heures... etc., etc. On en agit ainsi pour toutes les phrases qui renferment quelque détail important.

2. *Prônes.*

NOTE A.

Supposons un prône à faire sur la sainte

Écriture. Le but est de faire comprendre à votre peuple ce qu'est l'Écriture, quelle est son autorité. Il faut partir du connu : *vous avez tous vu écrire, vous savez tous ce que signifie ce mot écrire.* Autre fait connu : *dans toutes les familles il y a des écritures.* Autre fait qui l'est moins : *il y a pour la religion des écritures.* Expliquons ces idées à l'auditoire le plus simple, ce que nous supposons toujours :

M. F., je veux aujourd'hui vous parler des saintes Écritures. Bien souvent nous vous prononçons ce mot, bien souvent nous vous disons : les saintes Écritures... peut-être ne savez-vous pas ce que veut dire ce mot... peut-être seriez-vous embarrassés s'il vous fallait l'expliquer... Les saintes Écritures ! vous avez tous vu écrire, tous vous savez ce que c'est qu'écrire... on écrit partout et pour tout... Pour les contrats, on écrit... quand vous avez des difficultés devant la justice, on écrit... Les sentences des juges s'écrivent... On écrit les événements... on écrit tout... Votre fils est dans un pays lointain, vous allez trouver un homme instruit, il écrit, et votre lettre va trouver votre fils et lui parle de vous... secret admirable! un peu d'encre, du papier, quelques signes, et tout cela parle! On écrit tout et, une fois écrit, tout ce qui est écrit reste toujours...

Aussi, dans toutes les familles, il y a des pages, des écritures, ce sont des titres, des preuves, des souvenirs... il y en a de bien anciens... vous les gardez avec soin, et vous avez raison, ce sont des souvenirs et des preuves...

Il y a aussi des écritures dans l'Église... Les saints qui, dans les anciens temps, virent Jésus-Christ, écrivirent ce qu'ils voyaient, ce qu'ils entendaient... et comme ce sont les saints qui les ont écrites, comme elles rapportent ce qu'a dit, ce qu'a fait Jésus-Christ, on les appelle les saintes Écritures...

Ce sont nos souvenirs... ce sont nos titres... On a beau dire ce n'est pas vrai... nos écritures sont là... que toute langue se taise! C'est là que nous lisons, M. F., c'est là que nous voyons tout ce que nous vous annonçons, etc., etc.

Pratique... quand donc nous vous dirons : la sainte Écriture a dit cela, tout sera fini... etc., etc.

Pour la tradition, fait connu : nous savons par nos anciens ce qui s'est passé autrefois... cela se répéte de père en fils... de même dans l'Église tout s'est propagé, etc.

Il y aurait d'autres discours à faire sur ce même sujet. Le sens, l'autorité des Écritures une fois établis, on pourrait entrer dans le détail et montrer aux peuples, par exemple, la consolation qu'ils doivent trouver dans les Écritures, selon cette pensée de saint Augustin, que dans le désert de cette vie, notre joie doit être dans leur lecture. Un exilé gémit et pleure loin de sa patrie, un jour il lui arrive un souvenir des lieux de sa naissance, qui dira sa joie! que de fois il relit ces lettres sacrées! il ne s'en sépare jamais! tout est pour lui dans ces feuilles chéries... Chaque chrétien est cet exilé... *peregrinamur à Domino*... Nous sommes dans la terre étrangère... ce sol est froid, ce ciel est ténébreux, cette terre qui tourbillonne sans cesse n'est pas le lieu du repos... La patrie est plus haut... le repos plus haut...

le bonheur ailleurs... Et voilà que dans notre exil, il nous vient un souvenir de la patrie... De par delà cet océan il nous arrive des lettres... c'est Dieu, c'est notre père qui, dans sa bonté, nous parle... Gardons ces écritures... aimons-les, écoutons-les... Mais qui connaît les choses de Dieu, s'il ne nous instruit lui-même?... Quand même nous lirions ces caractères sacrés, pourrions-nous les comprendre?... et ceux qui ne savent pas lire, c'est-à-dire le plus grand nombre des hommes, ne faut-il pas qu'on leur lise la lettre de Dieu?... Un vieillard reçoit une lettre de son fils, un ami vient la lui lire et lui en donner le sens... Faible et terrestre, l'homme recevant les Écritures de Dieu, l'Église vient les lui lire, vient les lui expliquer... Oh! M. F., écoutez l'Église, ne lisez pas tout seul... ces caractères ne vous diraient rien... vous vous tromperiez, vous ne seriez pas surs de bien comprendre, etc... Venez tous les dimanches, et nous vous lirons les saintes Écritures, et par nous vous aurez des nouvelles des cieux... etc., etc. La semaine est lourde et pénible, cette lecture vous délassera... vous qui travaillez, elle sera votre repos; vous qui souffrez, elle sera un beaume, etc... A tous elle indiquera la route pour sortir de cet exil... le terme de nos travaux...

Nous croyons même qu'on pourrait aller plus loin, entrer dans le détail et faire sur chaque livre sacré un ou plusieurs prônes courts, substantiels et intéressants. Le défaut d'espace nous empêche de le tenter.

NOTE B.

Il ne suffit pas de citer un texte de l'Écriture, il faut, avons-nous dit, bien le développer, bien le fondre dans la suite. C'est ce travail qui prépare et assure le succès des paroles saintes. Ex. :

La cognée est à la racine de l'arbre; là où l'arbre tombera, là il restera. Voyez, M. F., un arbre; vous savez combien il faut de temps pour qu'il soit parvenu à sa grandeur; que de beaux jours, que de mauvais jours passent sur lui! le soleil l'éclaire, l'orage le fracasse; il va d'un côté, va du côté opposé, et un jour vous arrivez la hache à la main, vous le frappez, il tombe, et jamais plus il ne se relève, il reste où il est tombé. Ainsi êtes vous, M. F., c'est vous qui êtes cet arbre. L'homme est comme un arbre : que de temps pour qu'il arrive à son état parfait, que de jours mauvais, que d'orages passent sur lui ! Dites, chers frères, que de peurs, que d'ennuis ont passé sur votre tête, vous êtes allés à droite et à gauche, vous avez servi Dieu, servi le Démon, encore même vous pouvez aller de l'un à l'autre, tout à coup la mort vous frappera et vous tomberez, et là où vous tomberez vous resterez. Si c'est du côté de Dieu, et qu'il en soit ainsi, vous serez au bon Dieu pour toujours ! si c'est du côté de l'Enfer, — et Dieu vous en préserve ! — ce sera aussi pour toujours ; c'est écrit dans nos saintes Écritures : *là où l'arbre...*

NOTE C.

Rien de plus instructif que de montrer l'ensemble de la religion. On pourrait faire plusieurs prônes sur cet ensemble; on pourrait en faire un général sur l'ensemble complet. En voici le canevas :

Idée fondamentale : c'est une comparaison; elle est tirée d'un voyage. Quand vous voulez voyager dans la nuit, il faut 1° une lumière; 2° une route; 3° la force de marcher; 4° le moyen de vous procurer du secours quand le secours vous sera nécessaire. — La vie de l'homme est ce voyage dans la nuit de ce monde; l'homme est un voyageur, il va de la terre au ciel. Mais où est le chemin du ciel? il faut une lumière pour le connaître. Dans la religion, nous appelons cette lumière la foi. La foi guide. Je ne sais pas où est tel village que je n'ai jamais vu, je vous demande où il faut passer pour y arriver, je vous crois, j'ai foi en votre parole, elle me guide : c'est une lumière. La religion me dit : pour aller au ciel, il faut croire telle et telle vérité, vous la croyez, vous avez foi; la foi vous guide. C'est elle qui a guidé tous les saints au Paradis. — Il faut aussi un chemin, en religion le chemin est formé par les commandements de Dieu.

Si vous sortez de ces commandements, vous vous perdez. — Il faut la force de marcher, c'est la grâce qui est en nous, par les bons sacrements, comme la force est dans le corps. — Il faut le moyen de se procurer du secours : le Démon, le monde vous attaquent, criez au bon Dieu : au secours! O Dieu, venez à mon aide! c'est la prière, toute la religion est là. — Pratiquer la religion est nécessaire à l'homme. Voyez comme ceux qui n'ont pas de religion ne connaissent pas le chemin, ils n'accomplissent pas les commandements de Dieu, ils ne fréquentent pas les sacrements et ils ne prient pas. — Qu'ils seront trompés : *ergo erravimus.*

Il y a une vue d'ensemble à jeter sur les vérités et la foi, — sur les commandements de Dieu qui ont un ordre parfait : — Dieu d'abord, — parents, vie de l'homme attaqué par l'homicide ou l'inconduite, le bien d'autrui, le désir même, il y a des lois pour tout cela, que c'est juste! — Pour les sacrements, il y a un ordre parfait, sept choses sont nécessaires et suffisent pour la vie humaine. Voyez le cat. du Concile de Trente.

Ces prônes généraux sont une introduction à chaque partie de la religion : *foi, sacrements, commandements, prières.*

NOTE D.

Ex. : Nous avons un corps et une âme. Pour vivre, notre corps mange, notre corps boit; mais notre âme doit aussi boire et manger. Mangera-t-elle le pain grossier? boira-t-elle le vin grossier? non, non. Elle est trop noble, trop délicate ; il lui faut un aliment, un breuvage particuliers. Écoutez ce qui est écrit dans nos Écritures : *mon corps est un aliment,* etc., *mon sang,* etc. Oui, voilà le vrai pain, le véritable vin : c'est Jésus-Christ, c'est Dieu. — Mais comment recevoir Dieu, nous qui ne pouvons pas le voir... s'il se montrait à nous... frappés de .... nous mourrions. Il faut le manger, et si nous le voyions il nous ferait mourir. Comment faire ! Ah écoutez. Il s'est caché. Il s'est caché sous le pain et le vin. Il y aura un pain de l'âme comme il y a un pain du corps; mais de grâce ne les confondez pas! Chez vous, c'est le pain grossier; à l'Église, c'est le pain consacré, c'est Jésus-Christ. Oh! M. F., que pensez-vous en entendant de si belles vérités? pour moi j'en suis saisi d'admiration. Que Dieu est bon! ce grand Dieu qui... qui... ce même Dieu se cache parmi nous... il est là... le voilà, il vous regarde... il va entrer chez vous. Pauvres gens, M. F., venez... voyez-vous, il y a une Sainte-Table, venez manger... quand on veut guérir un enfant, on lui donne un remède sous une forme étrangère... ici sous... etc., etc. Un père avait son fils dans un pays éloigné. Brûlant du désir de le voir, d'être avec lui, il partit, traversa les mers et, après de grandes fatigues, arriva auprès de ce fils tant désiré. A cette rencontre, nul ne peut dire leurs embrassements..... Ainsi est la communion. C'est vous, vous-mêmes, étonnez-vous tant qu'il vous plaira, c'est vous que le bon Dieu est venu chercher... c'est pour vous... ne l'oubliez jamais... etc., etc..

NOTE E.

Ex. de prônes sur les vérités dogmatiques.

Je suis heureux d'avoir à vous parler ce matin. — Parlons de Dieu. — Dieu ! que ce nom est aimable, qu'il .... Parlons de Dieu, — tout nous en parle... voyez, regardez cette tige de blé... comme tout est pour elle, la terre lui donne son sein, le soleil son rayon, le nuage ses ondées... Elle est mûre, qui la recueillera ? c'est vous... c'est l'homme, ah ! c'est que tout est pour vous... Voyez comme ce Dieu est bon, il a tout fait... il a créé... le ciel, la terre... Écoutez ce qu'ils vous disent : ce n'est pas nous qui nous sommes faits, c'est lui qui nous a faits. — Aussi tous les hommes adorent Dieu. — Qu'ils seraient à plaindre ceux qui ne connaîtraient pas Dieu : ils seraient comme un enfant qui ne connaîtrait pas son père... Mais aussi il n'y en a pas... il n'y a que les sauvages et encore !... Aimons Dieu, servons-le... le petit oiseau le chante... le petit enfant le prie, et vous...

NOTE F.

Ex. : *Sur les vertus morales. — Loi. Les dimanches tu garderas...* etc.

D'abord c'est une loi... Dieu qui est bon pour nous, Dieu qui est notre maître, qui peut nous punir, Dieu l'ordonne ainsi. Quand un père commande, un fils peut-il désobéir? Eh bien! M. F., le bon Dieu lui-même vous commande... Voyez combien c'est raisonnable. Tout le temps est à lui : a-t-il partagé avec vous? Non. Sur sept jours il en prend un! qu'il est bon. Et encore si ce jour-là vous êtes pressé, il vous permettra, par ses prêtres, de travailler à certaines heures. — Vous avez horreur des voleurs et vous ne craignez pas de voler quelques heures au Seigneur : c'est son jour, il est à lui, il n'est pas à vous... Oui, ils sont coupables ceux qui travaillent, ce sont des voleurs... Et puis, c'est si facile... N'êtes-vous pas assez fatigués de la semaine... ne faut-il pas de repos à votre corps? — Ne faut-il pas que votre âme vienne un peu voir le bon Dieu à l'église, entendre parler de lui?... N'oubliez pas votre âme... c'est encore nécessaire... — Si vous offensez Dieu... il frappera vos moissons... Qui est-ce qui fait mûrir le blé? est-ce vous, est-ce Dieu?... Croyez-vous qu'il le frappera si vous avez confiance en lui?... Croyez-moi, M. F., etc., etc. Puis la fatigue, ne travaillez pas... S'il y a nécessité, venez me consulter... Mais non, il suffit de dire : cela fait plaisir à Dieu.

On peut ainsi traiter la sanctification et la messe.

NOTE G.

Ex. sur les symboles et les explications liturgiques.

Vous venez souvent à l'Église. — Avez-vous jamais bien examiné ce que c'est qu'une église. — Que vous allez être surpris quand je vous aurai expliqué tout ce qu'elle renferme... examinons-la. Il y a d'abord le clocher, — la cloche... vous aimez votre cloche, vous avez raison; aimez-la beaucoup. C'est elle qui a sonné votre naissance, c'est elle qui sonnera votre mort; elle a sonné pour vos pères, elle sonnera pour vous. Elle vous appelle au travail le matin, le soir au repos. Le samedi, elle vous dit : voici la fin de la semaine, voici le jour du repos, tu ne travailleras pas demain..., elle vous appelle aux offices. Aimez votre cloche, obéissez-lui. — Entrons dans l'Église. Voyez en entrant ce petit coin, c'est là, c'est dans cet humble endroit qu'il se fait de grands miracles, chaque fois qu'on y baptise..... C'est là où il faudrait vous mettre à genoux et remercier Dieu... c'est là que vous êtes devenus enfants de Dieu... c'est là que vous avez promis... Avez-vous tenu parole? — Voyez en avançant, voyez la chaire, c'est là où l'on monte vous dire la vérité, vous instruire, vous reprendre... et partout il y a des chaires, partout des pasteurs, c'est partout la même religion... L'écoutez-vous cette vérité?... En face de la chaire, voyez-vous le confessionnal, il est là toujours dressé, y vient qui veut, toujours on y trouve le pardon et la paix. On en sort plus heureux..... Qu'ils sont à plaindre ceux qui n'y viennent pas!... Leur âme n'est pas..... Mais il y a dans l'Église un endroit plus vénérable et plus sacré, cet endroit saint c'est le sanctuaire... et, dans ce lieu, voyez, il y a une table et une nappe toujours mises... C'est là où le prêtre, chaque jour, opère un grand miracle, c'est là où il change... c'est là où s'anéantit le fils de Dieu... mais il n'y reste qu'une demi-heure... Ce n'est pas assez pour lui... il veut rester avec nous, il a ordonné qu'on lui élevât une maison, la voilà... *ecce tabernaculum Dei cum hominibus*... Dieu est là. — Que ce lieu est saint, et je ne le savais pas jusqu'à présent... mais dorénavant... Et, devant la table du prêtre, il y a la table des fidèles... voilà la Sainte-Table... A table on mange, ici on mange donc, mais ce qu'on y mange est saint, c'est aussi la Sainte-Table... Enfants, c'est là où vous fîtes la première communion... âmes pieuses, c'est là où vous avez trouvé des délices. — Vous qui la fuyez, cette table vous accuse, elle vous appelle... *venite ad me*... C'est la maison de Dieu... Dieu y habite... C'est aussi la maison du peuple... c'est la vôtre, venez-y, vous y trouverez la joie, la parole de Dieu, sa grâce, le repos de l'âme, etc., etc. — Aimez votre église... on vous y baptise... vous y êtes venus au catéchisme... vous y avez fait la première communion... on vous y portera après votre mort : Aimez-la..., etc., etc.

On le voit, nous donnons très rapidement des canevas, ne touchant que les principales idées. Voici un essai pour la Toussaint :

« Nous lisions tout à l'heure, *gaudeamus omnes in Domino,* etc. Oui, réjouissons-nous... c'est aujourd'hui un jour de joie. — Joie au ciel. Si vous pouvez percer la voûte de cette église et voir le ciel... vous verrez tous les saints en habits de fête, des couronnes sur leurs têtes... chantant des cantiques d'une ravissante mélodie... — Réjouissances sur la terre; partout, dans toutes les églises, les fidèles se réunissent et viennent avec joie... Vous aussi vous êtes venus en grand nombre et je vous en félicite... Je suis enthousiasmé en voyant combien vous goûtez les fêtes de l'Église. C'est bien, M. F. Que vous dirai-je? Vous parlerai-je du bonheur du ciel? Je ne le puis pas. Imaginez-vous tout ce qu'il y a de plus... de plus... tout cela n'est rien; l'œil de l'homme n'a pas... Vous parlerai-je des saints dont nous faisons la fête? Ils n'ont pas besoin de nos louanges, ils sont heureux avec Dieu, Dieu qui est leur couronne est aussi leur louange. Vous apprendrai-je à les prier? vous le savez, il faut prier les saints et ils nous sont très utiles auprès de Dieu. Que vous dirai-je donc? le voici : soyez saints! Quoi, me direz-vous, moi saint? Oui, mon frère, vous, saint; vous si faible, vous devez être saint, Dieu le veut. C'est facile, c'est nécessaire.—Dieu le veut; *Hæc est voluntas Dei sanctificatio vestra!* Si Jésus-Christ est né, s'il est mort, etc., c'est pour que vous soyez sauvés... s'il a laissé une Église, etc., c'est pour que... Il le faut. Mais c'est difficile. Vous vous trompez; avec l'aide de Dieu, il n'est pas difficile d'être saint. Chers frères, vous qui prenez tant de peine, qui portez le poids... priez Dieu matin et soir... Offrez-lui toutes vos sueurs... Venez à l'église, écoutez votre pasteur qui vous aime tant, faites ce qu'il vous dira et vous serez saints...

Or, est-ce difficile? — Il y a eu des vignerons, des jardiniers qui étaient saints et qui brillent aujourd'hui dans leur glorieuse assemblée. — Il est nécessaire d'être saint; il n'y a pas de milieu, ou vous serez saint avec Jésus-Christ ou damné avec le Démon... Vous êtes libres, je le sais; mais, dites, peut-on balancer? balancerez-vous?... Oh! non... Venez donc à Jésus-Christ et dites : Seigneur, dans cette belle fête, je vous adore et j'honore tous vos saints, qui sont vos amis, j'honore en particulier ceux de notre paroisse; je les conjure de prier pour moi. On vient de me dire que vous voulez que je sois saint; on m'a dit que ce n'est pas difficile et qu'il le faut absolument. Je le veux, Seigneur, avec le secours de votre grâce et de Marie, reine de tous les saints, je prends la résolution d'écouter en tout le pasteur que vous m'avez donné pour guide, afin d'arriver... etc., etc.

3. *Homélie.*

NOTE H.

La grande partie des ouvrages des Pères est composée d'homélies. C'est le côté le plus beau, le plus riche de la patrologie. Saint Ambroise, saint Augustin, saint Jean Chrysostôme, saint Grégoire le Grand, etc., ont excellé dans ce genre. Donnons un essai. Prenons la parabole du mauvais riche.

On commence par lire le passage tout entier. (Luc XVI. ℣ 19-31.)

Les paroles que vous venez d'entendre, M. F., m'encouragent à vous parler de l'enfer. Il m'en coûte, je vous l'avoue, de traiter une vérité si terrible... Mais quand je ne vous en parlerais pas, l'enfer n'en existerait pas moins... Si je vous en parle, je puis espérer de vous le faire craindre, et partant de vous le faire éviter... Mais comme dans un pareil sujet vous pourriez m'accuser de suivre mon imagination et de vous donner mes propres idées, au lieu des pensées de la religion, je me bornerai à suivre Jésus-

Christ et à vous expliquer ses propres paroles... Quand Jésus-Christ parle, il n'y a qu'à croire...

Il y avait, etc., ℣ 19-21 — un riche, un pauvre, un homme couvert d'ulcères et un homme plein de santé. C'est là ce que nous voyons tous les jours, c'est l'image de la société, tout y est mêlé... tout semble aller au hasard... Ne le pensez pas, Dieu veille, il voit tout. En voici la preuve :

Il arriva... 22. Le pauvre meurt le premier, Dieu se hâte de visiter ses amis; les souffrances de la terre sont courtes, et puis le paradis... Vous qui souffrez, entendez-le!... Le *mauvais riche* mourut aussi. Les richesses, l'abondance, tout cela passe... Dieu les prête et les retire quand il veut... Il n'y a que deux catégories d'hommes, les bons et les mauvais : bons au paradis, mauvais dans l'enfer, voilà l'ordre rétabli.

Le voilà dans l'enfer. Quelle est sa position? La voici : il y a des tourments : *cum esset in tormentis*...

℣ 23. Il vit Abraham, — c'est qu'il voit de loin le ciel et Dieu qu'il a perdu... Perte de

Dieu... Ame attirée et retenue... C'est le plus grand supplice... Lazare est au ciel... Ce Lazare... Et lui!

24. — Il brûle, *crucior in hâc flammâ,* le malheureux, il brûle tellement qu'il croit qu'une goutte d'eau tombée sur l'extrémité de sa langue le rafraîchira!... C'est le délire de la douleur!...

25. — *Souvenez-vous*... C'est le remords... Souvenez-vous de la terre, vous y étiez dans l'abondance... Souvenez-vous que vous pouviez en faire un saint usage et vous ne l'avez pas voulu!... Lazare a bien employé sa pauvreté, il est avec nous!

26. — Un grand abîme — c'est l'éternité... Quelqu'affreux que soit l'enfer, si on pouvait en sortir, ses tourments seraient bien réduits... Mais non, il y a un abîme infranchissable... On ne peut en sortir...Toujours!

27, 28. — Envoyez à mes frères... Ils ont Moïse... La religion leur dit assez qu'il y a un enfer... Tant pis pour eux s'ils ne la croient pas...

Voilà l'enfer, M. F. Vous demandez s'il y en a un? Jésus-Christ vous dit que oui. S'il y a du feu? Jésus-Christ dit oui. S'il est éternel? Jésus-Christ dit oui. Quelle vérité! M. F. Oh! mon Dieu, si vous y tombez, vous perdez Dieu! Vous aurez le feu... le remords... et l'idée de ne jamais sortir... Oh! mon Dieu, si j'avais le malheur d'y tomber moi-même...

On dit qu'un homme voyant sur un tableau un damné dans les flammes, fut si effrayé qu'il se convertit... Je vous ai montré ce tableau, ou plutôt ce n'est pas moi, ce n'est pas Moïse, c'est Jésus-Christ. Regardez-le bien... Descendez maintenant dans les abîmes pour ne pas y descendre plus tard...

Dieu est bon, me direz-vous, et l'enfer est bien dur! Ah! oui, M. F., Dieu est bon, dites-le très haut, Dieu est bon... Un Dieu qui vous a créé et mis au monde... qui s'est fait homme pour vous... qui est mort pour vous... qui vous donne son sang à boire, sa chair à manger, ce Dieu est bon! et c'est parce qu'il est bon, que si vous ne l'aimez pas, il vous repousse. Quand on est condamné par l'amour, il n'y a pas d'appel!

Eh bien! puisque Dieu est bon, aimez-le, espérez en lui, jetez-vous sur son cœur, dites-lui : non, mon Dieu, je ne veux pas être damné, je ne veux pas être séparé de vous ; mais vous aimer sur la terre pour vous aimer dans le ciel... Il faut choisir entre l'amour qui jouit et l'amour qui punit ; je choisis le premier, dût-il m'en coûter quelques peines qui, rapides et légères, s'échangeront en joies dans votre paradis.

NOTE I.

Ici il faudrait parler des avis. L'ordre des matières nous a fait placer ce sujet au § 3 de la quatrième partie, nous n'y reviendrons pas, nous ajouterons seulement que l'esprit des avis doit se porter à insister beaucoup sur les pratiques et dévotions de la paroisse qui sont :

1° *Dévotion au Saint-Sacrement.* Messe du dimanche, sur semaine, visite de l'après-diner, propreté pour les processions, accueil lorsqu'on le porte aux malades, communion de Pâques, et de Noël, et des fêtes, entretien de la lampe, lois de l'Église... etc. ;

2° *Dévotion à Marie.* Célébration de ses

fêtes, communion. — Il faut extrêmement populariser ce culte;

3° *Dévotion pour les âmes du purgatoire.* Excitée à l'annonce des services paroissiaux;

4° *Recommandation des confréries et associations.* Le moyen d'attirer les gens à l'église et d'activer le ministère c'est, dans les campagnes, d'aller dans les villages parler aux gens, et d'établir quelques confréries pour la jeunesse. — Dans les villes, il faut, de plus, des associations de jeunes ouvrières, de servantes, de jeunes apprentis, etc., etc. C'est le seul moyen de faire du bien réel et durable.

Rappelons que les avis bien donnés sont un élément puissant du ministère pastoral.

4. *Panégyriques.*

NOTE J.

De même qu'on peut orner la mémoire des saints de toutes les richesses de l'éloquence, de même on peut dire leurs vertus dans un langage plus simple. Elles brillent assez par elles-mêmes sans qu'il soit indispensable de les rehausser par les pompes de la parole humaine. Le curé peut très bien donner pour instruction à son peuple les panégyriques des saints. Pour cela, il lui suffira de raconter avec simplicité les traits édifiants de leur vie, en y ajoutant quelques réflexions morales et tirant des conséquences pratiques. Ce genre d'instruction est aussi agréable aux auditeurs qu'il leur est profitable. Tous les hommes aiment à entendre raconter des histoires. Les histoires des saints sont un encouragement, une leçon et un exemple.

Donnons un essai de panégyrique. Supposons que saint Étienne soit le patron d'une paroisse et que le curé tienne ce langage :

M. F., nous célébrons aujourd'hui la fête de saint Étienne, notre patron, c'est un jour de grande joie pour toute la paroisse... Chaque église, chaque paroisse a un patron... Que veut dire ce mot patron?... Il signifie deux choses : il signifie intercesseur, il signifie modèle...

Intercesseur.—Dieu est au ciel, nous sommes sur la terre. Dieu est infiniment grand, devant sa majesté nous ne sommes rien, nous sommes de la boue, un néant. Comment, du fond de notre misère, osons-nous parler à ce grand Dieu?... Quelle distance, quel abîme! Mais l'Église y a porté remède, cette bonne mère a établi que chaque paroisse pourrait choisir parmi tous les saints du paradis, un saint qui prierait spécialement pour elle... qui... c'est ce qu'on appelle un patron, c'est-à-dire un ami, un avocat, un défenseur. Absolument comme si vous aviez une grâce à demander à un prince, n'osant l'aborder vous-même, vous vous adresseriez à un de ses amis, et par son entremise vous obtiendriez la grâce désirée... Saint Étienne est notre patron, c'est donc lui qui au ciel prie particulièrement pour nous, c'est cet ami du Seigneur à qui nous devons nous adresser, afin d'obtenir de la divine bonté les grâces et secours qui nous sont nécessaires sur cette terre. C'est lui qui est l'ami de ses frères et du peuple d'Israël; c'est lui qui prie beaucoup pour nous et pour toute la contrée...

Modèle. — Un modèle est une chose qu'on

imite. Nous devons être saints, M. F., mais comment s'y prendre pour devenir saints? Dieu vous a rendu ce travail facile, il a mis devant vos yeux son fils, Notre-Seigneur Jésus-Christ, modèle de toute sainteté; et de peur qu'un si parfait modèle ne vous décourageât, il vous a proposé ses saints comme des tableaux à imiter. Et parmi ses saints, il y en a un qui est plus particulièrement votre modèle, il y en a un que vous devez considérer et imiter : c'est votre patron, c'est saint Etienne qui est l'exemple de toute la paroisse...

Regardez donc saint Etienne. C'était un jeune homme plein de foi et de grâce. Il fut choisi par les apôtres pour servir les fidèles de son temps et pour être attaché aux saints autels. Sa vie fut grande et sainte. Mais sa mort fut encore plus éclatante. Comme il reprochait aux Juifs qui avaient fait mourir Jésus-Christ, leur crime et leur endurcissement; furieux, ils le tuèrent à coups de pierres. Et pendant qu'ils le tuaient, Etienne, à genoux, s'écriait : Seigneur, pardonnez-leur, ils ne savent ce qu'ils font.

Voilà le modèle... Souvent on vous prêche qu'il faut vous aimer les uns les autres, parce que vous êtes frères, parce que vous êtes les fils du même Dieu, que vous recevez les mêmes biens et que vous partagez de communes espérances... Cette leçon, vous la comprenez. Si vous ne la compreniez pas, la charité de saint Etienne à servir les membres de l'Église dans leurs nécessités suffirait pour vous la faire entendre. Mais il y a plus. Vous devez aimer vos ennemis, prier pour ceux qui vous font du mal!... Paroles dures à la nature, mais que la grâce rend faciles... Oui, avec la grâce de Dieu, il faut prier pour vos ennemis... Vous lapidât-on, il faudrait dire comme saint Etienne : Seigneur, pardonnez-leur!... Et vous ne pardonneriez pas un mot, une action blessante!... Regardez et imitez : oui, Seigneur, je pardonne! Vous avez pardonné sur la croix!...

Aimer ses frères, aimer ses ennemis, ce n'est pas tout... il faut aimer Dieu... Dieu avant tout... Dieu plus que tout... Dieu avant les frères, Dieu avant soi-même... Saint

Etienne l'aime plus que lui, puisqu'il meurt pour lui... Aucun bien ne doit être comparé à Dieu... Mon Dieu, je vous aime plus que toute chose!... Regardez Etienne couvert de sang, qu'il est beau aux yeux de la foi, que la charité le rend brillant!... *Quid fœdius si oculos carnis interroges? Quid pulchrius si oculos cordis interroges?* (S. Aug.)

Apprenez, dit saint Augustin, quand vous célébrez la fête des martyrs, à imiter les martyrs. Vous êtes les enfants des martyrs. Pendant 300 ans, vos frères en foule ont versé leur sang pour la religion. Vous aussi il faut que vous soyez martyrs... Les bourreaux sont prêts : le démon, le monde... il faut sacrifier au monde, au démon, ou à Jésus-Christ... A qui sacrifierez-vous? — Imitez Etienne... Et si vous résistez avec la grâce de Dieu, vous serez martyrs... Le monde est plein de martyrs, dit saint Grégoire. La paix de l'Église a ses martyrs... A qui êtes-vous, M. F.? Êtes-vous à Jésus-Christ?... Êtes-vous au démon?... Rentrez, etc.

Pratiques. — Saint Etienne est intercesseur... Ayez son image chez vous, priez pour vous, pour votre famille, pour la paroisse... Il est modèle... Imitez sa charité envers vos frères... envers vos ennemis... Si vous en avez, priez de *suite* pour eux... Aimez Dieu plus que tout... Grand saint, priez... obtenez-nous, etc.

APPENDICE.

La prédication est la charge principale des prêtres. C'est pour cela qu'après avoir donné les règles et les exemples propres à leur faire remplir un si grand devoir, nous plaçons en terminant quelques méditations qu'ils pourront faire tous les ans et dont le but est tout à la fois de les maintenir dans l'estime de ce ministère et de leur faire éviter les fautes qui s'y glissent malheureusement. La meilleure époque pour faire ces oraisons nous semble être celle de la retraite. C'est alors que le prêtre revient sur ses devoirs, se rend compte de la manière dont il les a remplis et prend pour l'avenir de saintes résolutions.

PREMIÈRE MÉDITATION.

1. Adorez la très sainte Trinité qui est un modèle admirable de prédication.

2. Le Père a parlé en plusieurs manières. Il a parlé et il parle encore par le spectale de la nature. *Invisibilia enim ipsius et creatura mundi per ea quœ facta sunt intellecta conspiciuntur*. (Rom. 1.) Il se levait la nuit et de grand matin pour avertir son peuple par la bouche de ses prophètes. (Paralip. 2, c. 36.) Il s'est servi de leur ministère pour laisser à la terre les divines Écritures qui sont une prédication incessante et universelle.

3. Enfin il a envoyé son Fils qui est venu lui-même sur la terre, *novissimè locutus est in filio* (Heb. c. 1.) Ce divin Fils est le modèle des prédicateurs. Il a commencé par faire, puis il a enseigné. Ses paroles étaient pleines de vérité, pleines de grâce, pleines de force, de douceur, de simplicité et de profondeur. Il a prêché partout : *circuibat Jesus omnes civitates et castella docens in syna-*

gogis eorum et prædicans. C'était son habitude : *sicut consueverat.* C'était une sorte de nécessité pour lui : *oportet me evangelizare quia ideo missus sum. Et erat prædicans.* La foule se jetait sur lui : *ruerent in eum ut audirent verbum Dei;* elle admirait sa doctrine, *admirabantur,* elle en était stupéfaite, *stupebant;* enfin, ce qui est le plus grand éloge, une simple femme du peuple l'entendant et le comprenant, s'écria : heureux le sein qui vous a porté ! Notre-Seigneur s'est prêté à tous; s'il prêche à la foule au point qu'il n'ait pas le temps de manger, il instruit aussi au fort de la chaleur et de la fatigue la Samaritaine au puits de Jacob et le docteur pendant la nuit.

4. Le Saint-Esprit se livre lui aussi à la prédication. C'est lui qui a parlé par les prophètes : *qui locutus est per prophetas.* C'est lui qui était répandu sur Notre-Seigneur et lui faisait remplir son ministère : *spiritus Domini super me propter quod unxit me, evangelizare pauperibus misit me, sanare contristos corde, prædicare captivis remissionem et cæcis visum... prædicare annum Do-*

mini acceptum et diem retributionis (Luc. IV). Il a animé tous les saints et vrais prédicateurs. C'est lui qui éclaire et échauffe intérieurement les âmes tandis que la parole les frappe extérieurement, véritable et seul prédicateur de qui viennent tous les bons effets de la prédication... *unctio ejus docet nos... Lumen cordium.*

5. Prions la Sainte-Trinité de nous instruire nous-mêmes comme simples fidèles et de nous faire avoir en grande et parfaite estime une fonction qu'elle a daigné elle-même remplir... Avions-nous compris l'importance et la grandeur de la prédication?... Les fautes que nous y avons commises nous prouvent, hélas! que non. Regret. Résolution de l'estimer beaucoup à l'avenir. *Sub tuum.*

DEUXIÈME MÉDITATION.

1. Adorez Notre-Seigneur envoyant ses apôtres prêcher... *Euntes docete omnes gentes... prædicate omni creaturæ.*

2. Fidèles à l'ordre de leur maître, les

apôtres sont partis. Ils se sont dispersés, *in omnem terram exivit sonus eorum... prædicaverunt ubique.* On veut les empêcher de parler, voici leur réponse : *non possumus quæ vidimus et audivimus non loqui* (act. IV). Et quelle était leur prédication ? En voici le secret. Il est étonnant. Les actes nous définissent les apôtres : *homines sine litteris et idiotæ* (c. IV). Saint Paul, le prédicateur par excellence, va expliquer ce mystère. Dieu a choisi ce qu'il y a de faible et de bas pour renverser ce qui est grand et noble, afin de montrer sa force. Sur ce principe, la prédication ne doit pas reposer *in sapientia Verbi... et sermo meus non in persuasibilibus humane sapientiæ verbis sed in doctrina spiritus.* Un langage clair et facile quoique profond, un accent irrésistible d'amour pour Dieu et pour les hommes, la grâce du Seigneur instamment implorée : voilà le secret de la force des apôtres et l'explication de leurs merveilleux succès.

3. A leur exemple, les vrais prédicateurs ont été ceux qui ont prêché ainsi un langage simple et facile, mais plein de la doctrine du Saint-Esprit ; qui, avant de prêcher,

*

appelaient sur leurs discours le secours de celui qui seul peut les faire profiter et qui parlaient de la bouche du cœur, c'est-à-dire de cette large blessure de l'amour qui rend toujours éloquent. Ainsi ont été les saints.

4. Avez-vous ainsi fait? Avez-vous toujours obéi à cette force qui vous pousse à parler? Avez-vous, dans votre prédication, laissé toute la gloire à Dieu? Avez-vous dans le cœur une étincelle d'amour de Dieu et d'amour du prochain?... Invoquez les saints apôtres et les saints prédicateurs, demandez par leur intercession et par celle de l'immaculée Vierge Marie, la reine des apôtres, le secret de cette prédication chrétienne. *Sub tuum.*

TROISIÈME MÉDITATION.

1. Adorez Notre-Seigneur qui vous a élevé au sacerdoce, qui est de nécessité un état où il faut prêcher. *Oportet sacerdotem prædicare.*

2. Admirez combien est excellent le ministère de la prédication. Sur toute la terre, de loin en loin, il y a une chaire, et toutes

les semaines la vérité y est distribuée au peuple. La loi du Seigneur y est annoncée. — Le peuple y est éclairé, consolé, fortifié, dirigé. Ce que la Sainte-Trinité a fait en grand pour le monde, ce que les apôtres ont fait pour l'univers, vous le faites pour votre paroisse. Vous êtes l'écho de cette grande prédication ; ce que disait Notre-Seigneur, vous devez le dire : il faut que je prêche, j'ai été envoyé pour cela ; ce que disait Paul vous devez le dire : *Vœ mihi si non evangelizavero!* Il faut que vous prêchiez chrétiennement non pas les choses de la terre, mais celles du ciel, toute la loi, et que vous parliez avec charité, clarté et conviction ; sans qu'aucun prétexte vous arrête, parlez, semez toujours, ne regardez pas le succès, vous aurez fait votre œuvre, fait luire la vérité et justifié le Seigneur. *Erat lux quæ illuminat omnem hominem ; — erat lucerna lucens et ardens.*

3. Tressaillir d'enthousiasme à cette pensée que vous êtes la lumière de votre paroisse ; aimer votre position ; sentir les besoins du peuple comme Jésus-Christ : *vidit*

turbam multam Jesus et misertus est super eos quia erant sicut oves non habentes pastorem et cœpit illos docere multa! Aimer le peuple à cause de ses misères, de ses puérilités : *Misereor super turbam!* Prendre la résolution de s'appliquer de tous ses efforts à prêcher. Si chaque chaire avait un vrai prédicateur, la terre serait renouvelée : *Multitudo sapientium sanitas est orbis terrarum. Sub tuum.*

QUATRIÈME MÉDITATION.

1. Rendez vos devoirs à saint Paul, le modèle et le prince des prédicateurs, qui vous avertit dans la personne de son disciple d'être *operarium inconfusibilem rectè tractantem verbum veritatis.*

2. Pour bien traiter la parole de Dieu, il faut la préparer. Remarquez que rien ne se fait sans préparation. Rien n'arrive brusquement, chaque chose a sa transition et sa préparation. Le bouton prépare la fleur et le fruit se prépare dans la fleur. Le respect de Dieu qui vous envoie, de sa parole que

vous prêchez, des âmes à qui vous la prêchez vous font un devoir de vous préparer : *cunctæ res difficiles,* dit l'Écriture, et un bon prône est difficile par dessus tout.

3. La préparation éloignée de la parole de Dieu consiste dans l'étude — 1° de la Bible « *sapienter autem dicit homo tanto magis vel minus quanto in scripturis sanctis magis minus ve profecit.* » (S. Aug. de doct. ch. v.) — 2° *des Pères qui l'ont expliquée* et dans celle de la théologie, qui est la science du prêtre. — Dans la vie régulière, l'exemple est la première des prédications ; dans la vie pieuse, c'est-à-dire dans l'habitude de l'oraison, du chapelet, de la visite au Saint-Sacrement, de la lecture spirituelle, de la confession fréquente, car être l'ambassadeur du Seigneur c'est être son ami intime, et les exercices de piété sont justement cette familiarité.

4. Sa préparation prochaine consiste à recueillir, méditer, rédiger, apprendre des pensées claires, faciles, populaires, quoique dignes sur telle et telle vérité ; mais surtout elle consiste à prier tous les jours de la se-

maine, le matin à l'oraison et à la messe, le soir à la visite pour que le bon Dieu concoure à finir le prône : *nisi Dominus ædificaverit... in vanum laboraverunt.*

5. Rentrez sérieusement en vous-mêmes. Avez-vous étudié? Si vous y avez manqué, vous avez manqué au plus sacré de vos devoirs. Votre conduite a-t-elle été une prédication continuelle? Avez-vous été honnête homme, bon prêtre et surtout saint prêtre? Avez-vous gardé toutes les règles de votre position; ne vous y trompez pas, on n'a pas Dieu pour père quand on n'a pas l'Église pour mère, et on n'a pas l'église pour mère quand on manque à ses lois sur le dogme, sur la morale, sur la discipline et sur la liturgie. Tout se tient, tout est sacré pour l'obéissance. *Vir obediens loquetur victorias.* Avez-vous été pieux, fait l'oraison, dit le chapelet, fait la visite, car ce sont, d'après tous les saints et d'après la foi, les moyens assurés de prêcher chrétiennement, c'est-à-dire de convertir? C'est ici le point capital. Prenez d'énergiques résolutions, implorez surtout Marie. *Sub tuum.*

CINQUIÈME MÉDITATION.

1. Adorez Notre-Seigneur qui parlait si bien au peuple et qui attirait la foule.

2. L'obligation de tout prédicateur est d'instruire et de toucher, la religion est une science, vous êtes le docteur qui possède cette science, le lieu où vous parlez s'appelle chaire, c'est-à-dire un lieu d'où l'on enseigne, le peuple est l'ensemble de vos disciples. Dans tout enseignement, il y a la connaissance de l'ensemble et celle des détails, ce qui revient à dire qu'il faut avoir un cours suivi de prônes; et que chaque prône doit être consacré à un point particulier de doctrine, exactement, clairement exposé. Pour toucher surnaturellement les âmes, il faut prier en premier lieu; en deuxième lieu, il faut prier; en troisième lieu, il faut encore prier. En cela, il faut être plein de foi et plein de charité. *Loquere ad omnes universos sermones quos ego mandavi tibi... orate ut sermo Dei currat et clarificetur.*

3. Avez-vous eu dans vos prônes un ordre suivi qui embrasse tout l'ensemble de la doctrine ! Il le faut. Avez-vous préparé chaque prône en particulier étant aussi exact, aussi clair, aussi court que possible dans le fond ! Pour la forme, avez-vous été clair et simple, comme l'exige l'esprit de la religion ; la forme est l'accessoire, elle se moule sur l'idée et prend dans son contact avec elle une transparence surnaturelle. Avez-vous prié tout le temps de la préparation du prône ? c'est le capital. Travaillez-vous à augmenter en vous par l'oraison et les actes la foi et la charité ? Regret, résolution. *Sub tuum.*

SIXIÈME MÉDITATION.

1. Adorez Jésus-Christ bénissant les enfants.

2. De toutes les fonctions sacrées, le catéchisme est la plus importante : c'est la prédication des enfants. La grâce attire les enfants vers le prêtre. Leur âme est une cire molle, les impressions premières s'y conservent toujours. En soignant les enfants, on

renouvelle les générations et les paroisses. Jésus-Christ a appelé, aimé, bénit, embrassé et instruit les enfants. Les saints l'ont imité : œuvre obscure, mais grande, mais divine, mais agréable si on sait la traiter comme il convient.

3. Avez-vous omis le catéchisme ? L'avez-vous fait sans goût, sans suite, ni ordre, ni estime? Avez-vous eu des tableaux, des récompenses, de la douceur? O prêtres! ayez pour les enfants, dit saint Augustin, un amour paternel, mieux un amour maternel, attirez-les au presbytère, faites-en vos chantres, vos aides, vos amis. Vives et fermes résolutions pour cette grande œuvre. *Sub tuum.*

EXAMEN DE CONSCIENCE

SUR LA PRÉDICATION.

I. Ai-je bien compris ma charge pastorale? J'ai été envoyé vers mes paroissiens pour les sauver, je ne puis me sauver qu'en remplissant fidèlement mes devoirs envers eux. Quand même je serais un saint, d'ailleurs je me perds si je néglige mes devoirs de pasteur. *Custodi virum istum*, m'a-t-on dit de chacun de mes paroissiens, *qui si lapsus fuerit, erit anima tua pro animâ ejus*. Selon saint Paul, c'est par la prédication que Dieu a voulu opérer le salut des âmes. La prédication est un de mes principaux devoirs. Comment l'ai-je rempli ?

II. Ai-je laissé passer plus de trois mois sans prêcher, n'ayant pas de dispense légitime? Faute grave. Quand j'ai prêché me suis-je préparé? Si habituellement je ne fais pas de préparation, ou si habituellement ma préparation ne dure que quelques minutes, le samedi soir ou le dimanche matin, c'est encore une faute. Ai-je étudié à peu près tous les jours un peu d'Écriture Sainte, de théologie et de vie des saints? Ai-je consulté ces sources avant de commencer mes prônes? Si je suis jeune prêtre, ai-je écrit? si je suis ancien prêtre, ai-je au moins indiqué sur le papier un canevas détaillé?

III. Ai-je instruit? c'est-à-dire ai-je prêché habituellement des discours suivis, s'enchaînant les uns les autres selon l'ordre et les idées du catéchisme du concile de Trente qui est le manuel des pasteurs? Ai-je choisi chaque dimanche un sujet bien clair, bien défini? l'ai-je exposé par des pensées justes, claires, dignes? Ma parole a-t-elle été simple, populaire, claire? N'ai-je pas été bouffon, trivial, grossier, dans la pose, les éclats de voix, les paroles? N'ai-je pas dépassé vingt minutes pour mon prône et fatigué et rebuté par mes longueurs mes paroissiens? Ai-je eu soin, avant de détailler chaque partie de la religion et après l'avoir détaillée, d'en bien exposer l'ensemble? Le manque ordinaire à ces règles est une faute très grave, d'après tous les auteurs, et la raison en est facile. L'Église qui ordonne de prêcher, ordonne de le faire selon la capacité des auditeurs et pour leur instruction.

IV. Ai-je cherché à plaire pour moi? Ai-je sacrifié à cette idée mon devoir? Ai-je travaillé la forme de mes instructions pour ce stérile et dangereux plaisir? Faute contre la pureté d'intention et contre la gloire de Dieu.

V. Ai-je cherché à persuader mes paroissiens, leur exposant les mobiles convenables, les exemples excitants et les moyens pratiques et actuels pour les porter à agir? Ai-je toujours ainsi fini mes discours? En un mot, ai-je tâché de remplir, selon mes moyens, les règles indiquées pour bien administrer la parole de Dieu, ai-je un petit manuel qui les renferme, ai-je soin de les y relire de temps en temps?

VI. Ai-je veillé sur moi, sur ma maison, n'y a-t-il rien qui soit mauvais ou qui, sans être mauvais, ne soit pas édifiant? Ce n'est pas assez pour un pasteur de ne pas scandaliser ou de mener une vie honnête selon les hommes, il est obligé d'édifier et de donner bon exemple. L'ai-je fait? Ai-je vécu selon une règle? *Qui regulà vivit Deo vivit.* L'oisiveté, les courses, les jeux, la bagatelle, n'ont-ils pas rempli mes journées? L'habitude est ici encore une faute grave.

VII. Ai-je été pieux? L'oraison est-elle tous les jours mon occupation première? Dis-je bien la messe? Ai-je fait assidument ma lecture spirituelle, ma visite au Saint-Sacrement, mon examen particulier? Ai-je prié à ces exercices pour ma paroisse? Pourrai-je dire comme saint Paul : *Memoriam vestri facientes in orationibus nostris sine intermissione?* Ai-je prié en faisant chacun de mes prônes? Ai-je senti cette parole de saint Chrysostôme: *Tout pasteur pénétré de l'amour de Dieu et de son troupeau, doit non seulement instruire les âmes confiées à ses soins, mais leur ménager par ses prières le secours du ciel?* Si j'y ai manqué, j'ai négligé une partie importante de mes devoirs.

VIII. Ai-je aimé mon peuple comme ma famille, comme une mère, comme ce qu'il y a de plus précieux pour moi au monde? La charité seule ouvre la porte des cœurs, ai-je senti les infirmités, les misères de mon peuple? Ai-je donné à manger à ceux qui avaient faim, visité les infirmes, soulagé les malheureux, vêtu ceux qui étaient nus, consolé les affligés? Ai-je été comme un père pour eux? Ai-je jeûné pour eux, me suis-je mortifié pour leur salut? L'éloquence seule persuade, l'éloquence est la voix d'une âme aimante, et je n'ai pas aimé!

IX. N'ai-je pas omis le catéchisme? Ne l'ai-je pas fait sans goût, sans préparation, sans amour? Et les enfants étaient, avec les vieillards et les malades, la partie la plus précieuse de mon troupeau!

Les âmes avant tout! Résolution énergique de se mettre à l'œuvre et d'être un bon pasteur, quelle que soit la difficulté à surmonter. Il faudra me gêner, mais je sauverai des âmes, je glorifierai Jésus-Christ et je me sauverai moi-même! *Momentaneum et leve tribulationis suprà modum in sublimitate æternum gloriæ pondus.*

RHÉTORIQUES SACRÉES.

Pour qui voudra de plus longs développements, nous indiquons, d'abord et avant tout, le livre IVe du *Doctrina Christiana,* de Saint-Augustin, et son ouvrage *de Catechizandi rudibus;* la 3e et 4e partie du Pastoral de saint Grégoire, pape; la Rhétorique ecclésiastique de Grenade. On trouvera aussi de précieux documents dans le 2e volume du *Miroir du Clergé,* du *Pastoral de Limoges* et de la *Méthode de Direction.* Citons aussi le Cours de prédication de M. Hamon et le Cours d'éloquence sacrée populaire de l'abbé Mullois. Nous finissions d'écrire ces pages quand cet ouvrage nous tomba entre les mains. Nous y avons rencontré cet esprit du ministère tel qu'il le faut aujourd'hui pour faire du bien. C'est un excellent livre.

Pour le catéchisme, citons les essais de Mgr Devie, évêque de Belley, la méthode générale de M. Dupauloup.

Le plus grand de tous les maîtres est la pratique. On doit donc faire exercer les règles données, désigner tour-à-tour chaque élève et demander à ses condisciples de faire la critique. Le maître doit veiller beaucoup sur la prononciation naturelle, sur les gestes, sur la liaison des idées et sur le style de chaque discours.

On voit maintenant le but, l'ensemble et l'utilité de ce cours. Les quatre parties qui le composent convergent surtout vers le ministère pastoral; tout en disant ce qui est nécessaire à toute éloquence sacrée, on s'est attaché à l'éloquence pastorale, car c'est précisément le point qui n'avait pas été traité ex-professo. Mis entre les mains des jeunes gens avec les explications, les additions et les corrections du maître, peut-être sera-t-il de quelqu'utilité. C'est là le plus vif désir de l'auteur. Nous ne pouvons nous défendre d'être ému à cette pensée : il y a des chaires partout, partout on parle au peuple. La parole de Dieu est faite pour guérir les nations : *tuus est sermo, Domine, qui sanat universa.* Si de chacune de ces chaires tombait la parole divine par une bonne prédication, la face de la terre serait bientôt renouvelée. Que les jeunes s'attachent donc à bien profiter du cours de prédication; qu'ils se rendent familières les idées que nous exposons ici et leur ministère réussira : *Ut in omnibus et per omnia honorificetur Dominus.*

Sollicitè cura te ipsum probabilem exhibere Deo — operarium inconfusibilem — rectè tractantem verbum veritatis. — Oui, si dans chacune de nos églises, nous avions un prêtre ami du Seigneur qui intercédât pour nous; si dans chacun de nos presbytères, il se trouvait un prêtre à la vie sainte et irréprochable, si, de toutes nos chaires, tombait une parole aimante, populaire, chrétienne, pénétrée, pleine de grâce et de vérité, en peu de temps la société serait renouvelée. Nous n'avons pu tenir à cette idée, nous avons voulu, pour la réaliser, dire ce que nous semblait devoir être le ministère pastoral. Telle était la fin de ces quelques pages qu'on n'appellera pas un livre. Si la prédication a été un peu négligée, le moment est venu de la traiter à l'égal d'un sacrement en lui rendant la sainteté de vie, la ferveur de prière et l'administration particulière qu'elle réclame. Que tous s'en occupent! Vénérables confrères du saint ministère et jeunes élèves des séminaires, mettons-nous tous à l'œuvre, formons-nous à ces mâles pensées, ne reculons pas devant la gêne, l'avenir est à nous et par nous à Jésus-Christ.

Nous terminons en réclamant une prière de chacun de nos lecteurs, comme le faisait le pape saint Grégoire en finissant son Pastoral. *Ecce, Bone Vir, reprehensionis meæ necessitate compulsus, dùm monstrare qualis esse debeat pastor invigilo, pulchrum depinxi hominem, pictor fœdus, aliosque ad perfectionis littus dirigo qui adhuc in delictorum fluctibus versor. Sed in hujus quæso vitæ naufragio orationis tuæ me tabulâ sustine, ut quia pondus proprium deprimit, tui meriti me manus levet.*

Entrons ensemble dans ce sentiment que le même saint docteur exprimait à la fin de son Homélie XVII sur les Évangiles :

Hæc, fratres, vobiscum et sollicitè cogitate, hæc et proximis vestris impendite; omnipotenti Deo fructum vos reddere de negotio quod accepistis, parate. Sed ista quæ dicimus meliùs... orando quàm loquendo obtinebimus.

OREMUS.

Deus, qui nos pastores in populo vocari voluisti : præsta, quæsumus, ut hoc quod humano ore dicimus, in tuis oculis esse valeamus. Per Dominum nostrum Jesum Christum filium tuum qui tecum vivit et regnat in unitate Spiritus Sancti, Deus, per omnia secula seculorum. Amen.

FIN.

TABLE DES MATIÈRES.

QUATRIÈME PARTIE.

Angers, imp. Cosnier et Lachèse, chaussée St-Pierre, 13.

www.ingramcontent.com/pod-product-compliance
Ingram Content Group UK Ltd.
Pitfield, Milton Keynes, MK11 3LW, UK
UKHW020205250726
13967UKWH00003B/1288